माध्यमिक हिन्दी
INTERMEDIATE HINDI

माध्यमिक हिन्दी

यमुना काचरू

राजेश्वरी पान्धारीपाण्डे

मोतीलाल बनारसीदास

दिल्ली वाराणसी पटना

बंगलौर मद्रास

INTERMEDIATE HINDI

Yamuna Kachru
Rajeshwari Pandharipande

Part I: (Pages 1-78)
Part II: (Pages 1-83)

(Bound in One)

MOTILAL BANARSIDASS
Delhi   Varanasi   Patna
Bangalore   Madras

First Edition : 1983
Reprinted: 1988

MOTILAL BANARSIDASS
Bungalow Road, Jawahar Nagar, Delhi 110 007

Branches
Chowk, Varanasi 221 001
Ashok Rajpath, Patna 800 004
24 Race Course Road, Bangalore 560 001
120 Royapettah High Road, Mylapore, Madras 600 004

ISBN: 81-208-0558-5 (Cloth)
ISBN: 81-208-0559-3 (Paper)

PRINTED IN INDIA
BY JAINENDRA PRAKASH JAIN AT SHRI JAINENDRA PRESS, A-45 NARAINA
INDUSTRIAL AREA, PHASE I, NEW DELHI 110 028 AND PUBLISHED BY
NARENDRA PRAKASH JAIN FOR MOTILAL BANARSIDASS, DELHI 110 007.

PREFACE

This work would not have been possible without the incisive comments, cooperation, and input of various persons. Our gratitude is due to the teaching and research assistants and instructors who were associated with the classroom teaching and specific research projects concerning Hindi at the University of Illinois at Urbana. Those who contributed to various aspects of material development are Tej K. Bhatia, Susan Donaldson, Constance Fairbanks, Geoffrey Hackman, and K.V. Subbarao. The Unit for Foreign Language Research and the Division of Applied Linguistics, both of the University of Illinois, provided seed money for preparation of this work. The contribution of the American Institute of Indian Studies and that of Research Board of the Graduate College of the University of Illinois has been vital in the research on projects related to Hindi grammar over the last two decades. The insights gained by such research reflect in this work. Pradeep R. Mehendiratta, Director of the American Institute of Indian Studies in Delhi provided support and encouragement beyond the call of duty. The constant questions, observations, and reactions of our students stimulated us to revise and rewrite most sections of the work; we are grateful to them for their contribution.

Yamuna Kachru
Rajeshwari Pandharipande

Urbana, IL
February 1983

INTRODUCTION

The present volumes of *Intermediate Hindi* grew out of the instructional materials used at the University of Illinois, Urbana-Champaign, since 1968. Each volume represents one semester (approximately forty-eight hours) of instruction. These texts, however, can also be used for instruction organized around other time periods, such as quarters. Each unit, on an average, is designed to take up a week of classroom interaction (four hours) and practice outside the classroom.

The texts have mostly been taken from published material for general reading by native speakers of Hindi. Only a few texts have been specifically prepared from the point of view of filling in certain types of lexical gaps or for providing contexts for conversation. We have incorporated selected texts from *Intermediate Hindi* by Usha S. Nilsson (Indian Area and Language Center, University of Wisconsin, Madison, 1967, now out of print). The primary aim in selecting the texts has been to incorporate most of the grammatical points considered important by the end of the intermediate level of instruction (see *A Three Year Curriculum in Modern Standard Hindi* by Michael Shapiro, et. al., Final Report for U.S. Department of Education Grant no. #G008002118); to provide a wide range of vocabulary, including near synonyms from Indo-Aryan and Perso-Arabic sources; to include varied topics around which conversational interaction with and among students is possible; and finally, to present typically South Asian social and cultural contexts. We have made no attempt to adhere to any notion of 'strict grading'; units have been designed and sequenced to promote competence in communicating through Hindi.

Each text is followed by a detailed glossary, grammatical explanations, for selected constructions, notes on vocabulary and fixed expressions, and exercises and homework assignments. Ideally, each lesson should have been followed by detailed sections on word study, exercises for practice in the classroom, and assignments to be completed at home. These additions, however, would have increased the size of the volumes considerably, with concomitant increase in the price. We have, therefore, included only a few selected types of exercises within each unit, taking care, at the same time, to introduce all possible types within the volumes.

It is our hope that teachers who use the volumes will devise their own exercises according to their needs using as models the exercises incorporated in the volumes. The same is true of the word study material. In spite of the selective nature of the ancillary material in the units, we feel that the information provided in the volumes is adequate for building the levels of different skills desirable at the end of an intermediate course.

This course should be used as a companion volume with reference grammars such as *Aspects of Hindi Grammar* by Yamuna Kachru (Manohar Publications, New Delhi, 1980), and the *Outline of Hindi Grammar* by R.S. McGregor (The Oxford University Press, New Delhi, 1972). In case the teacher feels a need for using supplementary materials to provide varied reading experience, selections from *A Premachand Reader* by Norman Zide, et. al. (East-West Center Press, Honolulu, Hawaii, n.d.) may be used. This latter text, however, may need extensive notes on vocabulary items, idioms, grammatical constructions, and above all, sociocultural facts. Other supplementary materials which may be useful are the text books for High School Hindi classes published by the National Council for Educational Research and Training, New Delhi, and selected materials from magazines such as *Sarita*, *Dharmyug*, and *Saptahik Hindustan* as well as such daily newspapers as *Nava Bharat Times*. The following bilingual dictionaries are useful for this level of instruction:

Mahendra Chaturvedi and B.N. Tiwari: *Vyavaharik Hindī-Angrezī Koś*, National Publishing House, Delhi, 1970 (Hindi-English)· Hardev Bahri: *Bṛhat Angrezī-Hindī koś*, (2 vols.), Gyanmandal Ltd., Varanasi, 1961, and Father C. Bulcke: *Angrezī-Hindī koś*, Catholic Press, Ranchi, 1968 (English-Hindi). No one-volume (Hindi-English and English-Hindi) dictionary is available at present.

CONTENTS

PART I

CONTENTS

PART II

PART I
भाग १

LESSON ONE:पहला पाठ

फ़्लैट की खोज: पहला दृश्य

[एक कमरे में मोहन और रानी बातें कर रहे हैं। दोनों दरवाज़े के पास खड़े हैं।]

रानी - अच्छा, मोहन-जी, यह फ़्लैट किराए के लिए है?

मोहन - जी हां, अगर आपको पसंद हो।

रानी - [रानी सब कमरे देख आती है।] मुझे तो पसंद है। मुझे अपनी सहेली आशा से पूछना है। वह मेरे साथ फ़्लैट में रहेंगी।

मोहन - पूछ लीजिए। कोई जल्दी नहीं है।

रानी - यहां फोन है?

मोहन - जी हां, उस कोने में मेज़ पर रखा है। मैं तब तक नीचे अपने कमरे में जाता हूं।

रानी - शुक्रिया।

[मोहन जाता है। रानी फोन मिलाती है।]

रानी - हलो आशा। मैंने एक फ़्लैट पसंद किया है। तुम कहो, तो ले लूँ।

सहेली - ......

रानी - फ़्लैट में दो कमरे हैं। एक बैठक, एक सोने का कमरा। सोने के कमरे से लगा एक गुसलखाना है। दूसरी तरफ़ रसोई है।

सहेली - ......

रानी - बैठक में एक सोफ़ा है और दो कुर्सियां हैं। सोफ़े के ऊपर दीवार पर एक सुंदर तस्वीर लटकी है। बायीं-तरफ-वाली दीवार पर एक बड़ी-सी खिड़की है। खिड़की पर नीले रेशमी परदे लगे हैं। सोफ़े के सामने-वाली दीवार के साथ एक मेज़ है। मेज़ पर टेबिल लैम्प और फ़ोन रखा है। बीच में एक कलमदान और दो दवातें हैं। कलमदान के सामने कुछ कागज़ भी रखे हैं। मेज़ में दो दराजें हैं। और मेज के नीचे रद्दी की टोकरी भी है।

सहेली - ....

रानी - सोने के कमरे में दो पलंग हैं। एक मेज़ है, एक कुर्सी है, और एक बड़ी अलमारी है। रसोई में बिजली का चूल्हा है। एक छोटा फ्रिज भी है।

सहेली - ....

रानी - अच्छा, मैं मोहन-जी से कह देती हूं कि हम फ़्लैट ले लेंगे।

फ़्लैट	(Eng.) flat, apartment
खोज	(nf.) search
पहला	first
दृश्य	(nm.) scene (of a play)
X से बात (f.) करना	to converse with X
दोनों	both
दरवाजा	(nm.) door
खड़ा होना	to stand
किराया	(nm.) rent
देख आती है = देखकर आती है	'she goes to see (all the rooms) and then returns.'
सहेली	(nf.) girl friend [of a girl]
आशा	(name)
x को+(verb infin.)+ होना	X must do (verb), for X to have to do (verb)
कोई जल्दी नहीं है	'There's no hurry.'
फ़ोन	(Eng.) phone
कोना	(nm.) corner
रखना	to put, to keep
तब तक	until then
नीचे	below, downstairs
शुक्रिया	'thanks'
फोन मिलाना	to dial a phone number, to place a phone call
पसंद करना	to choose
बैठक	(nf.) living room
सोना	to sleep
X से लगा होना	to be adjoining X
गुसलखाना	(nm.) bathroom
रसोई	(nf.) kitchen
दूसरा	second, other
सोफ़ा	(Eng.) sofa
दीवार	(nf.) wall
तस्वीर	(nf.) picture
लटकना	to hang (intrans.)
नीला	blue
रेशमी	silken
परदा	(nm.) curtain
खिड़की पर...परदे लगे हैं।	'On the windows...curtains are hung.'

दीवार के साथ	'along the wall'
बिजली	(nf.) electricity
बत्ती	(nf.) light
कलमदान	(nm.) penholder
दवात	(nf.) inkpot
दराज़	(nf.) drawer
रद्दी	useless, waste
टोकरी	(nf.) basket
पलंग	(nm.) bed
अलमारी	(nf.) cabinet
चूल्हा	(nm.) stove
फ़्रिज	(Eng.) fridge

PARTICIPLES

I. Present and past participles are used both as adjectives and adverbs. The following items in ( ) are adjectival in function:

1. (मेज पर पड़ी हुई) किताब मेरी नहीं है।
   The book (lying on the table) is not mine.
2. मोहन (चलती हुई) गाड़ी में से गिर पड़ा।
   Mohan fell down from the (moving) train.

The following are adverbial in function:

3. बच्चा (रोता हुआ) बोला, 'मेरा कुत्ता खो गया है।'
   The child said (crying), 'My dog is lost.'
4. रमा (लेटी हुई) किताब पढ़ रही थी।
   Rama was reading the book (lying).

II. The participles are formed in the following way:

Present participle = *root of the verb* + ता followed by हुआ

चलना	चलता हुआ
रोना	रोता हुआ
गिरना	गिरता हुआ
सोना	सोता हुआ

Past participle = root of verb + आ followed by हुआ

[It should be noted that the addition of आ to verbal roots ending in vowels leads to the insertion of य before आ as in सोया, खोया etc. Also, the following irregular forms should be noted: गया (from जाना), पिया (from पीना), लिया (from लेना), and दिया (from देना).]

सोना	सोया हुआ
बैठना	बैठा हुआ
जाना	गया हुआ
खरीदना	खरीदा हुआ

III. The present participle (adjectival) means "action or process in progress", the past participle means "state". Compare:

5. उबलता हुआ पानी
   boiling water

6. उबला हुआ पानी
   boiled water

IV. Note that the participles agree in number and gender with the nouns that they modify in 1-2, 5-6. Note also that the adverbial participles in 3 and 4 agree in number and gender with their understood subjects.

V. The past participle: is used as an adjective, both in predicative and attributive positions, e.g.

Predicative: 7. लोग (चटाई पर बैठे हुए) हैं।
                People are (seated on the mat).

Attributive: 8. (चटाई पर बैठे हुए) लोग बातें नहीं कर रहे हैं।
                The people (sitting on the mat) are not talking.

The locative with में and the temporal expression of a clause appear with a genitive का in participial phrases, e.g.

finite clause   9. चिट्ठी अभी-अभी आई है।
                   The letter came just now.

past participle: 10. चिट्ठी अभी अभी की आई हुई है।
predicative: The letter is the one that came just now.

attributive: 11. अभी-अभी की आई हुई चिट्ठी से पता चला कि भैया चुनाव जीत गए।

                   We came to know from the letter which just came
                   that brother has won the election.

finite clause: 12. ये शॉल कश्मीर में बने।
                   These shawls were made in Kashmir.

past participle:
predicative: 13. ये शॉल कश्मीर के बने हुए हैं।
                   The shawls are the ones that were made in Kashmir.

4

attributvie:

14. कश्मीर के बने हुए शॉल काफी गरम हैं।
The shawls made in Kashmir are very warm.

VI. Most intransitive verbs have past participle forms that modify their understood subjects, e.g. सोए हुए लोग, पके हुए आम, खिले हुए फूल, बैठी हुई औरतें, etc.
The following verbs have no past participle forms

उछलना	to jump
कूदना	to jump (down)
दौड़ना	to run
चीखना	to scream
चिल्लाना	to shout
हँसना	to laugh
रोना	to weep etc.

VII. There are a small number of transitive verbs with past participle forms that modify their understood subjects, e.g.

सीखना	to learn	हिन्दी सीखे हुए लोग
		people who have learnt Hindi
पहनना	to wear,	टोपी पहना हुआ लड़का
	to dress oneself	The boy who has a cap on
लगाना	to wear	'लिपस्टिक' लगाई हुई लड़की
	to apply	The girl wearing lipstick

VIII. Most transitive verbs have past participle forms that modify their understood objects: the subject of the participial occurs with a genitive:

15. (मैं ने किताब पढ़ी) किताब मेज़ पर रखी है।
(I read the book) The book is on the table.

16. मेरी पढ़ी हुई किताब मेज़ पर रखी है।
The book that I read is on the table.

17. (शीला ने कमीज़ रँगी) कमीज़ मुझे पसंद है।
(Sheela dyed the shirt) I like the shirt.

18. शीला की रँगी हुई कमीज़ मुझे पसंद है।
I like the shirt that Sheela dyed.

19. (आपने कविता लिखी) कविता सुंदर है।
(You wrote the poem) The poem is beautiful.

20. आपकी लिखी हुई कविता सुंदर है
The poem you wrote is beautiful.

IX. The locative and temporal expressions may also occur with a genitive का:

21. (आपने पिछले साल कविताएँ लिखीं) कविताएँ मुझे पसंद हैं।

   (You wrote poems last year) I like the poems.

22. आपकी पिछले साल की लिखी हुई कविताएँ मुझे पसंद हैं।

   I like the poems you wrote last year.

23. (मैंने लंदन में किताबें खरीदी थीं) किताबें उसके पास हैं।

   (I bought the books in London) He has the books.

24. मेरी लंदन की खरीदी हुई किताबें उसके पास हैं।

   He has the books I bought in London.

Sometimes, if both temporal and locative expressions occur together, they may be left with their original postpositions as several का forms produce an unpleasant stylistic effect:

25. आपकी 1965 में लंदन में लिखी हुई कविताएँ मैंने पढ़ीं, अच्छी लगीं।

   I read the poems you wrote in London in 1965, I liked them.

X. Note that the present participial form of बैठना (बैठता हुआ) is not used as an adjective. Also, there is no difference in meaning between सोता हुआ/सोया हुआ as in:

26

सोते हुए/सोए हुए बच्चों को मत जगाओ।

NOTES ON VOCABULARY

खड़ा होना:   an intransitive verb; खड़ा is an adjective, meaning "vertical", होना is essential to make the item a verb. It is होना that takes the regualr verbal endings.

बात करना:   a transitive verb: बात (f.) is a noun which may mean several things including 'conversation'. The verb करना takes the regular endings and agrees with बात in the perfective: उसने मुझसे बात की. 'He talked to me.'

THE वाला CONSTRUCTION

वाला is a very productive adjectival/agentive suffix which can be added to nouns, adjectives, adverbs, prepositions and inflected infinitives of verbs to denote "the one that" as in the following:

दुकानवाला   the one in the shop (goods, or shopkeeper)

कोनेवाला   the one in the corner

सफेदवाला	the white one
पकावाला	the ripe one
लंबावाला	the tall one
चौड़ावाला	the wide one
मकान के सामनेवाला	the one in front of the house
वहाँवाला	the one over there
कमरेवाला	the one in the room
सोमवारवाला	the one on Monday
जानेवाला	the one to go
कार चलानेवाला	the one to drive the car, driver
सफाई करनेवाला	the one to clean
रोकनेवाला	the one to stop something

Note that with the verbs, वाला may modify the agent or the patient as in the following:

यह हँसनेवाली बात नहीं है।

This is not a matter to be laughed at.

हँसनेवाले बच्चों को सजा मिलेगी।

The children who laugh will be punished.

करनेवाला काम हो तो बताओ।

Tell me if there is a job worth doing.

काम करनेवाले कम हैं, बात करनेवाले ज़्यादा।

There are few who work, there are many who talk.

Note that वाला inflects like any adjective.

REFFRENCE GUIDE TO SELECTED TENSE FORMS:

simple present	simple past
जाता है, खाता है, etc.	गया, खाया, etc.
'goes', 'eats', etc.	'went', 'ate', etc.

historical past: जाता था, खाता था, etc.

                   'went'   'ate'

present progressive	past progressive
जा रहा है, खा रहा है, etc.	जा रहा था, खा रहा था, etc.
'is going', 'is eating', etc.	'was going', 'was eating', etc.

present perfect	past perfect
गया है, खाया है, etc.	गया था, खाया था, etc.
'has gone', 'has eaten', etc.	'had gone', 'had eaten', etc.

Note that the present perfect in Hindi, unlike in English, can be used with definite past time adverbs e.g., मैने उसे कल किताब दी है 'I have given him the book yesterday'.

Contingent or subjunctive tenses:

Simple imperfect: जाता, खाता, etc. are used in conditional clauses as counterfactuals, e.g.,

अगर वह आता तो मैं उसे किताब दे देता।

If he would come, I would give him the book.

Contingent imperfect:

अगर वहाँ बर्फ पड़ती हो तो गर्म कपड़ों की ज़रूरत होगी।

If it snows there, we would need warm clothes.

Contingent perfect:

अगर वह बंबई गया हो तो उसकी पत्नी अकेली होगी।

If he has gone to Bombay, his wife will be alone.

Contingent progressive:

अगर वह पढ़ रहा हो तो उसे मत बुलाना।

If he is studying, do not call him.

Presumptive tenses

Presumptive imperfect:

शिकागो उत्तर में है, वहाँ जाड़ों में खूब बर्फ पड़ती होगी।

Chicago is in the north, it must snow there a great deal in the winter.

Presumptive perfect

रात के ग्यारह बज चुके हैं, लोग अब तक सो गए होंगे।

It is past eleven p.m., people must have gone to sleep by now.

Presumptive progressive:

पाँच बजकर पाँच हो चुका है, पिताजी दफ्तर से घर आ रहे होंगे।

It is five past five, father must be coming home from office.

For extended and frequentative, the following are used:

Extended action or process:

मोहन दिन भर पढ़ता रहा।

Mohan kept studying all day long.

यहाँ दिन भर बारिश होती रहती है।

It keeps raining all day here.

Frequentative:

बचपन में हम गर्मियों में पहाड़ पर जाया करते थे।

In my childhood, we used to go to the hills in the summer.

अभी भी मेरी तबीयत ठीक नहीं रहती, तुम्हीं आ जाया करो।

I am not feeling strong enough yet, you come and visit me frequently.

EXERCISES

A PRONUNCIATION PRACTICE

खोज	के	कोना	किया

कमरे	कुर्सी	रखा	कहो
एक	खिड़की	तक	बैठक
कर	टोकरी	लटकी	गुसलखाना
की	को	कलमदान	कुछ
खड़े	देख	कह	कागज़
किराया	कोई	शुक्रिया	

B

DICTATION

1 रखा	6 कोई
2 खिड़की	7 देख
3 टोकरी	8 कागज़
4 खोज	9 खड़े
5 बैठक	10 कर

C

ORAL QUESTIONS

कौन बातें कर रहा है?
ये दोनों कहां बातें कर रहे हैं?
दोनों कहां खड़े हैं?
दोनों किसके बारे में बातें कर रहे हैं?
कौन पहले बात करता है?
फ़्लैट किसका है?
कमरा कौन ढूँढ़ रहा है? (ढूँढ़ना (tr.) to search, to look for)
क्या फ़्लैट किराए के लिए है?
क्या फ़्लैट रानी को पसंद आया?
रानी क्या देख आती है?
रानी को और किससे पूछना है?
आशा कौन है?
रानी को आशा से क्या पूछना है?
रानी को आशा से क्यों पूछना है?
आशा साथ में क्यों नहीं आई?
रानी के साथ फ़्लैट में कौन रहेगा?
फ़्लैट में फ़ोन है?
क्या रानी उसी वक्त आशा को फ़ोन करती है?
क्या मोहन उन दोनों की बातें सुनता है?
वह कहां जाता है?

फोन कहां पर रखा है?
मेज़ कहां है?
कोने में क्या है?
मोहन तब तक कहां जाता है?
मोहन नीचे रहता है कि ऊपर?
किराए का फ्लैट ऊपर है या नीचे?
रानी किससे फोन मिलाती है?
रानी ने क्या पसंद किया है?
क्या रानी ने फ़्लैट का किराया पूछा?
क्या आशा फ़्लैट का किराया पूछती है?
फ्लैट में कितने कमरे हैं?
सोने के कमरे से लगा कौन सा कमरा है?
रसोई भी उसी तरफ है क्या?
रसोई कहां है?
बैठक में पलंग है क्या?
बैठक में सोफे के अलावा और क्या है?
कितनी कुर्सियां हैं?
कुर्सियां बड़ी हैं या छोटी?
सोफा नीला है क्या?
सोफ़े के पीछे एक खिड़की है क्या?
सोफे के पीछे क्या है?
सोफे के ऊपर दीवार पर क्या लटका है?
तस्वीर सुन्दर है क्या?
खिड़की किस दीवार पर है?
खिड़की पर किस रंग के परदे लगे हैं?
खिड़की पर किस कपड़े के परदे लगे हैं?
आपको नीला रंग पसंद है?
आपको कौन-सा रंग सबसे ज़्यादा पसंद है?
मेज किस दीवार के साथ है?
मेज पर छः चीजें रखी हैं। ये छः चीज़ें क्या हैं?
कमरे में सिर्फ़ एक बिजली की बत्ती है क्या?
बिजली की बत्ती कहां पर है?
वह मेज़ किस कमरे में है?
फ़ोन किस पर रखा है?
फोन किसके पास रखा है?
कलमदान और दवातें किसके बीच में हैं?
ये दोनों दवातें एक ही रंग की हैं?

कलमदान के सामने क्या रखा है?
दराज़ और दवात में क्या फ़र्क है?
दवात और दावत में क्या फ़र्क है?
इन दराज़ों में क्या हो सकता है?
फ़्लैट में कुल कितनी मेज़ें हैं?
कितनी कुर्सियां हैं?
दोनों लड़कियों के लिए एक अलमारी काफ़ी होगी?
आशा से पूछे बिना क्या रानी फ़्लैट पसंद कर सकती है?
फ़्लैट रानी को पसंद आया?
क्या आशा ने भी फ़्लैट पसंद किया?

D   HOMEWORK ASSIGNMENTS

I.   Read through the text for this chapter. Write a sentence or two which will appropria-
tely fill in for each place where Rani's girl friend's remarks have been deleted.

II. Did you have to look for a new apartment this semester? Make up in skit form your
own version of 'Looking for an Apartment,'—either imaginary or from your own
experience.

III. Translate into Hindi, using *participles* for all *underlined* words:
1. The little girl *seated* near the window is looking at us.
2. The Anjana (अंजना) Hotel is only a mile from here. But it is evening. You [fem. fam.]
should go in a rickshaw.
3. Usha (उषा) said, "That's a film I've *seen*. [That's my *seen* film.] But you [fem. fam.]
should go see it. It's *full* of beautiful old songs."
4. Hurry up! The bus to Khajuraho (खजुराहो) is *standing* outside the station. It leaves in
15 minutes.
5. In the bus at the back a seat is [*falls*] vacant. But the window is *broken* and it is
raining.
6. The day before yesterday a friend told me that in her room there is a *broken* orange
desk and a red chair. She wasn't pleased at this.

भरना	to fill
टूटना	to break
पड़ना	to fall
नारंगी	orange

LESSON TWO: दूसरा पाठ

फ़्लैट की खोजः दूसरा दृश्य

(रानी और आशा सोफ़े पर बैठी बातें कर रही हैं।)

आशा - रानी, मुझे फ़्लैट सचमुच बहुत पसंद आया।

रानी - हां, यहां सब सुविधाएं हैं। और हमारा कॉलेज सिर्फ़ डेढ़ किलो-मीटर की दूरी पर है।

आशा - नीचे सिर्फ़ मोहन-जी रहते हैं। सीढ़ियों का उपयोग सिर्फ़ हम करते हैं। कहीं कुछ शोर नहीं होता।

रानी - अब ज़रा कमरा सजा लें। बीचवाली मेज़ पर एक मेज़पाश लगा लें?

आशा - ज़रूर। और मैं फूलदान भी निकाल देती हूँ। बाग़ से कुछ ताज़े फूल लाती हूं। गुलदस्ता सजा देंगे।

रानी - मुझे दूसरी मंज़िल पर रहना पसंद है। और यह फ़्लैट तो बहुत सुंदर है। हर खिड़की से बगीचे के पेड़-पौधे दिखाई देते हैं। खिड़की बंद हो, तब भी शीशे से सब दिखाई पड़ता है।

आशा - हां। रसोई तक हवादार है। गुसलखाने में 'टब' नहीं है, पर ठंडे और गरम पानी की व्यवस्था है। मुझे तो 'शावर' ज़्यादा पसंद है।

रानी - मुझे भी।

आशा - यह मोहन-जी क्या करते हैं?

रानी - डाकघर के पासवाली बड़ी इमारत में एक दफ़्तर है। उसमें नौकरी करते हैं। अच्छी नौकरी है। मोहन-जी मेहनती हैं। हमेशा काम में लगे रहते हैं।

आशा - उनके माता-पिता कहां रहते हैं?

रानी - देहरादून में। पिता की भी अच्छी नौकरी है। इसलिए उनका यहां आना संभव नहीं।

आशा - मोहन-जी यहां काफ़ी दिनों से हैं?

रानी - नहीं, दो-चार महीनों से। उसके पहले यहां उनकी बड़ी बहन अपने पति के साथ रहती थीं।

आशा - नौ बजने वाले हैं। मुझे दस बजे तक कॉलेज जाना है।

रानी चलो। मैं भी चलती हूं। जल्दी तैयार हो लें।

फ़्लैट की खोज : दूसरा दृश्य

सचमुच	really
X को Y पसंद आना	for Y to be pleasing to X
सुविधा	(nf.) convenience
कॉलेज	(Eng.) college
डेढ़	1 1/2

किलो-मीटर	(Eng.) kilometer
X की दूरी पर होना	to be at a distance of X
सीढ़ी	(nf.) stairs
उपयोग	(nm.) use
X का उपयोग करना	to use X
कहीं...नहीं	nowhere
शोर	(nm.) noise
ज़रा	a little, a bit
सजाना	to arrange, to decorate
मेज़पोश	(nm.) table cloth
लगाना	to place, to spread
ज़रूर	certainly
फूलदान	(nm.) vase for flowers
निकालना	to take out, unpack
बाग़	(nm.) garden
ताज़ा	fresh
फूल, गुल	(nm.) flower
गुलदस्ता	(nm.) bouqnet of flowers
मंजिल	(nf.) story, floor

[The Hindi word is used in the sense of the first, second etc. stories of a building. The American usage of the first floor corresponds to the Hindi usage of पहली मंज़िल.]

बगीचा	(nm.) garden
पेड़	(nm.) tree
पौधा	(nm.) plant
पेड़-पौधे	(nm.) vegetation
दिखाई देना/पड़ना	to be visible
शीशा	(nm.) glass, window pane
X तक	even X
हवादार	airy, well ventilated
गुसलखाना, स्नान-गृह	(nm.) bathroom
टब	(Eng.) tub
पर	but
X की व्यवस्था, का इंतज़ाम	(nm.) arrangement for X
शावर	(Eng.) shower
डाकघर	(nm.) post office
इमारत	(nf.) building
नौकरी करना	to work [at a job]
नौकरी	(nf.) a job
मेहनती	industrious, hard working
X में लगे रहना	to be continually engrossed in X
देहरादून	a town in the foothills of the Himalayas

संभव	possible
काफ़ी	many

X बजने वाले हैं।	'it is almost X o'clock, it is about to strike X o'clock'
काफ़ी दिनों से	for a long time

COMPOUND VERBS

I   Notice the following pairs of verbs:

होना	be	हो जाना	become
लेना	take	ले जाना	take away
सोना	sleep	सो जाना	fall asleep
खाना	eat	खा जाना	eat up
बढ़ना	to go forward to increase (intr.)	बढ़ जाना	go forward, rise, go up

The items on the right (हो जाना, ले जाना, etc.) are called "compound verbs" as they are composed of one main verb and a helping verb, in this case, जाना. The helping verbs add to the meaning of the main verb in various ways.

II   होना   be   हो जाना   become

होना is both a stative (i.e. as **be** in English) and a process verb (i.e. **become** or **happen** in English). Note the following:

1. यहाँ बड़ी भीड़ है।
   It is very crowded in here.
2. यहाँ बहुत भीड़ हो रही है।
   It is becoming very crowded in here.
3. शीला आजकल बहुत खुश है।
   Sheila is very happy these days.
4. शीला माँ को देखकर बहुत खुश हुई।
   Sheila became (i.e. was) very happy to see her mother.
5. यहाँ इन दिनों दिन में गर्मी होती है, पर रातें ठंडी होती हैं।
   These days, the days are warm but the nights are cold here.
6. राज अपनी गलती पर शर्मिन्दा है।
   Raj is ashamed of his mistake.
7. चिट्ठी न मिलने के कारण माँ बहुत परेशान हैं, यह सुनकर राज शर्मिन्दा हुआ।
   His mother is upset at not hearing from him, hearing this Raj felt ashamed of himself.

III. Note the directional meaning in the following:

8. शाम तक घर आ जाना।
Come home by the evening.

9. बाजार से दूध ले आओ।
Bring some milk from the market.

10. ये किताबें घर ले जाओ।
Take these books home.

11. राम सीढ़ियाँ चढ़ आया।
Ram came up the steps.

12. राम सीढ़ियाँ चढ़ गया।
Ram went up the steps.

13. शीला गाड़ी से उतर गई।
Sheila climbed down from the car.
(away from the speaker)

14. शीला गाड़ी से उतर आई।
Sheela climbed down from the car.
(toward the speaker)

IV. Note the intensive meaning.

15. बच्चे सोए हैं/सो गए हैं।
The children are asleep/have fallen asleep.

16. राम सब दूध पी गया।
Ram drank up all the milk.

17. खाना यहाँ रखोगे तो कुत्ता खा जाएगा।
If you keep the food here, the dog will eat it up.

18. वह आकर कुर्सी पर बैठ गया।
He came and sat down on the chair.

NOTES ON VOCABULARY

तब भी: a linker signalling contrast, e.g., राम को बुखार था। तब भी वह पार्टी में आया।
Ram had a fever. Even so, he came to the party.

तक: a particle used to specify the focus of predication: e.g., रसोई तक हवादार है (The whole house is well-ventilated) even the kitchen is airy.

उसकी माँ तक ने उससे बात नहीं की: (Nobody talked to him) not even his mother talked to him.

पसंद होना/करना: intransitive and transitive verb, respectively. The intransi-

tive signals a non-volitional process experienced by some-
one, the transitive signals a volitional act:

उसे काफी पसंद है।

'to him' 'coffee' 'liking' 'is'

He likes coffee.

उसने दो किताबें पसंद कीं।

He liked (i.e. selected) two books.

Similarly देखना is a transitive verb and दिखाई पड़ना/देना is a non-volitional, intransitive, verb.

SUPPLEMENTARY NOTES

काफी X से: where X is a time expression and means *since X* and काफी X represents a long period.
Contrast this with काफी X तक which means *for X* where again काफी X represents a long period
but तक means the period has come to an end.

मैं अरबाना में काफी सालों से रहता हूँ।

I have lived in Urbana for many years.

मोहन-जी लंदन में काफी सालों तक रहे थे।

Mohan ji had lived in London for many years.

मोहन काफी दिनों से बीमार है।

Mohan has been ill (since)/for a long time.

Compare: वह कई घंटों से बाहर है।

He has been out for a number of hours.

शीला कई महीनों से यहाँ नहीं आई।

Sheela has not come here for months.

काफी does not occur with घंटा, हफ्ता and महीना।

कहीं...नहीं: 'nowhere'. Note that although the two items are not next to each other, the two
together signal the negative meaning.

EXERCISES

A. ORAL WORK:

1. रानी और आशा क्या करती हैं?
2. क्या वे कालेज में पढ़ती हैं?
3. उनका कॉलेज फ्लैट से कितनी दूर है?
4. नीचे वाले फ्लैट में कौन रहता है?
5. ऊपर एक ही फ्लैट है या और भी फ्लैट हैं?
6. क्या आपको गुलदस्ते सजाने का शौक़ है?
7. आपका घर कॉलेज से कितनी दूर है?
8. क्या आपके घर के पास डाकघर है?
9. मोहन-जी के माता-पिता क्या उनके साथ रहते हैं?
10. मोहन-जी क्या करते हैं?

11. आप कितने महीनों से यहाँ हैं?
12. अभी क्या बजा है?
13. मोहन-जी की कोई बहन है क्या?
14. क्या बहन की शादी हो चुकी है?
15. आपको कब तक कॉलेज जाना होता है?

B. WRITE ANSWERS TO FOLLOWNG QUESTIONS IN HINDI.

Where do you live? Who else lives with you? What do your room/apartment/house-mates do? What kinds of things do you like (e.g. work in the yard, make bouquets, etc.)?

C. HOMEWORK ASSIGNMENT:

Write a short paragraph on your daily routine. [When you get up; When you go to your college/job; How far you have to go; When you come home; What your interests are (i.e., reading, watching TV...).]

LESSON THREE: तीसरा पाठ

मित्र से मुलाकात

रमेश -	सुरेश भाई, नमस्ते!
सुरेश -	अरे, तुम हो रमेश। नमस्ते। क्या हाल-चाल है?
रमेश -	सब ठीक है। और तुम्हारा क्या हाल है?
सुरेश -	ठीक हूं। माताजी और पिताजी कैसे हैं?
रमेश -	ईश्वर की कृपा से स्वस्थ हैं।
सुरेश -	यहां कैसे?
रमेश -	कुछ समाचार-पत्र देखने आया था।
सुरेश -	हिन्दी के अखबार देखोगे या अंग्रेज़ी के?
रमेश -	कोई भी। तुम अंग्रेज़ी के देख रहे हो, तो मैं हिन्दी के देख लूंगा।
सुरेश -	किस-किस दिन के अखबार चाहिए।
रमेश -	पिछले सोमवार तक के अखबार देख चुका हूं। अब मंगलवार से शनिवार तक के अखबार देखने हैं।
सुरेश -	बुधवार, बृहस्पतिवार और शुक्रवार के समाचार-पत्र इधर रखे हैं। रविवार-वाला मैं देख रहा हूं। मंगलवार का अखबार नहीं दीखता।
रमेश -	मैं ढूंढ़ लूंगा। शाम को क्या कर रहे हो?
सुरेश -	रविवार की शाम सिर्फ़ आराम करने के लिए होती है। क्यों?
रमेश -	जाड़ा खत्म हो रहा है। वसंत का आरंभ है। दिन लंबे हो रहे हैं। शाम भी खूब लंबी होती है। अकेले अच्छा नहीं लगता। फ़िल्म देखने चलें तो कैसा रहे?
सुरेश -	अच्छा रहेगा। अंग्रेज़ी फ़िल्म देखोगे?
रमेश -	सुना कि एक अच्छी हिन्दी फ़िल्म आई है।
सुरेश -	हिन्दी फ़िल्में नाच-गानों से भर-पूर होती हैं। और उनमें बहुत बनावटी जिंदगी दिखाई जाती है।
रमेश -	यह फ़िल्म वैसी नहीं है। यह एक नई किस्म की फ़िल्म है।
सुरेश -	अच्छा, चलेंगे। शर्त यह है कि फ़िल्म अच्छी नहीं होगी, तो हम बाहर आ जाएंगे।
रमेश -	ठीक है। तब मैं तुम्हें 'आइसक्रीम' खिलाने ले चलूंगा।
सुरेश -	यहां से कहां जा रहे हो?
रमेश -	कमरे में जाऊंगा। जर्मन का सबक तैयार करना है।
सुरेश -	क्या जर्मन कठिन भाषा है?
रमेश -	बहुत कठिन नहीं। लेकिन शब्द याद करने में वक्त लगता है। इसीलिए रविवार को भी पढ़ाई करनी पड़ती है।

मित्र से मुलाकात

अरे!	Exclamation expressing surprise, used in informal contexts.

ईश्वर	(nm.) God
कृपा	(nf.) kindness, grace
स्वस्थ	healthy
यहां कैसे ?	'What brings you here?'
समाचार-पत्र	(nm.) newspaper
देखने आना	= देखने के लिए आना
	to come (in order) to see
अखबार	(nm.) newspaper
कोई भी	either one, any at all
किस-किस दिन के	'of which days,' (the repetition of *kis-kis* is asking for an answer in the form of a list)
पिछला	last, the previous
X तक	until X, up to X
(verb stem) + चुकना	to complete (verb)
X को...देखने हैं	X has to see...
सोमवार	Monday
मंगलवार	Tuesday
बुधवार	Wednesday
बृहस्पतिवार	Thursday
शुक्रवार	Friday
शनिवार	Saturday
रविवार	Sunday
दीखना	to be visible
ढूंढ़ना	to look for
आराम करना	to rest
क्यों?	Why (did you ask)
जाड़ा	(nm.) winer, cold season
खत्म होना	to end
वसंत	(nm.) Spring
आरंभ	(nm.) beginning
खूब	Quite, very
अकेला	alone
लगना	to seem, to appear
फिल्म देखने चलना	to go together to see a film
कैसा रहे?	'How would it be'
सुना	'I have heard.'
कि	that
नाच-गाना	(nm.) song and dance

भर-पूर	full of
बनावटी	artificial
ज़िंदगी	(nf.) life
दिखाई जाती है	is shown (passive)
वैसा	like that
किस्म	(nf.) type, kind
शर्त	(nf.) condition (of an agreement or of a bet)
कि फ़िल्म...होगी	'If the film is not good....'
तो....	then....
खिलाना	to feed, to offer (food to someone)
जर्मन	German
सबक	(nm.) lesson
तैयार करना है	'I must prepare,'
कठिन	difficult
भाषा	(nf.) language
(verb)- ने में	in doing (verb)
(verb)- ने में वक्त लगना	for it to take time to do (verb)
पढ़ाई	(nf.) studying

Notes on vocabulary, fixed expressions:

यहाँ कैसे?	'What brings you here?'
क्यों?	'Why do you ask?'
...कैसा रहे?	Request for confirmation that one's ideas are good.

Note the use of रहना instead of होना in these expressions for 'be':

कैसा रहे (गा)?	अच्छा रहेगा।
How will it be?	It will be good.

Reduplication (as in किस-किस दिन के) has two meanings: distributive or intensifying.

Here, the distributive meaning is relevant. Note the following:

कौन-कौन आया था? Who all came?

तुम कहाँ-कहाँ गए? What places did you visit?

वहाँ कई ऊँचे-ऊँचे पहाड़ थे। There were many tall mountains there.

Contrast: उसने लाल-लाल साड़ी पहनी थी।

She was in a deep red saree.

CAUSATIVES

I. In Hindi, verbs occur in sets such as the following:

sit   बैठना   बिठाना   बिठवाना

20

get up	उठना	उठाना	उठवाना
sleep	सोना	सुलाना	सुलवाना
eat	खाना	खिलाना	खिलवाना
drink	पीना	पिलाना	पिलवाना

II. They are used as follows:

1. लोग बैठे।

    The people sat.

2. मैंने लोगों को बिठाया।

    I seated the people.

3. पिताजी ने मुझसे लोगों को बिठवाया।

    Father made me seat the people.

4. लड़के फल खा रहे हैं।

    The boys are eating fruit.

5. वह लड़कों को फल खिला रहा है।

    He is making the boys eat fruit.

    (He is offering fruit and the boys are eating)

6. मैं उससे लड़कों को फल खिलवा रहा हूँ।

    I am making him make the boys eat fruit.

7. उसका बुखार उतर गया।

    His fever came down.

8. इस दवा ने उसका बुखार उतार दिया।

    This medicine brought his fever down.

9. दरवाज़ा बंद हो गया।

    The door closed.

10. उसने दरवाज़ा बंद किया

    He closed the door.

11. मैं रोज़ कसरत करता हूँ।

    I exercise every day.

12. पिताजी मुझसे रोज़ कसरत करवाते हैं।

    Father makes me exercise every day.

The causative in Hindi does not have any coercive meaning. It simply means someone initiates (a) the action which the agent performs, or (b) the process which the object undergoes.

III. Use causative verbs in the following sentences:

13. He offers food and drink to all his friends.
14. I drove the car this morning.
15. The boy seated me inside the room.
16. They showed me the photographs.

17. You take me to the movie, I will give you a meal.
18. When are you offering me your famous Russian salad?
19. Where will you put your guests to sleep?
20. The shopkeeper showed us many shawls, we didn't like any.
21. Get the windows closed, I don't like this bright sunlight.
22. He has just fallen asleep, don't wake him.

IV. The following are some of the common verbs with their causal forms:

चलना	चलाना	चलवाना
'move'	'cause to move, drive'	'cause X to drive
रोना	रुलाना	रुलवाना
'cry, weep'	'cause X to cry'	'cause Y to cause X to cry'
हँसना	हँसाना	हँसवाना
'laugh'	'cause X to laugh'	'cause Y to cause X to laugh'
सोना	सुलाना	सुलवाना
'sleep'	put X to sleep'	'cause Y to put X to sleep
गिरना	गिराना	गिरवाना
'fall'	'cause X to fall, to fell'	'cause X to fell Y'
कटना	काटना	कटवाना
'cut' (intr.)	'cut' (tr.)	'cause X to cut'
बनना	बनाना	बनवाना
'be made'	'make'	'cause X to make Y'
खाना	खिलाना	खिलवाना
'eat'	'feed, offer food'	'cause X to feed/offer food'
पीना	पिलाना	पिलवाना
'drink'	'cause X to drink'	'cause Y to cause X to drink'
देखना	दिखाना/दिखलाना	दिखलवाना
'see, look'	'show'	'cause X to show'
सुनना	सुनाना	सुनवाना
'hear, listen'	'cause to listen, narrate/tell..'	'cause X to narrate/tell...'
करना	कराना/करवाना	
'do'	'cause X to do'	

Note that the causals of होना are करना and its causal forms:—

बंद होना	बंद करना	बंद करवाना
'to be shut'	'to close'	'to have X close'

Note that सुनाना is typically used for telling stories, singing songs for someone, reciting poetry, etc.

EXERCISE

A. ORAL WORK:

    1. आज कौन-सा दिन है?

    2. कल कौन-सा दिन होगा?

    3. कल कौन - सा दिन था?

    4. आप शनिवार और इतवार को क्या करते हैं?

(इतवार=रविवार)

    5. सोमवार को black Monday क्यों कहते हैं?

    6. आपको हफ्ते का कौन-सा दिन पसंद है?

    7. क्या आप रोज अखबार पढ़ते हैं?

    8. आपका अखबार कहाँ से निकलता है?

B.   PRACTICE TELLING TIME:

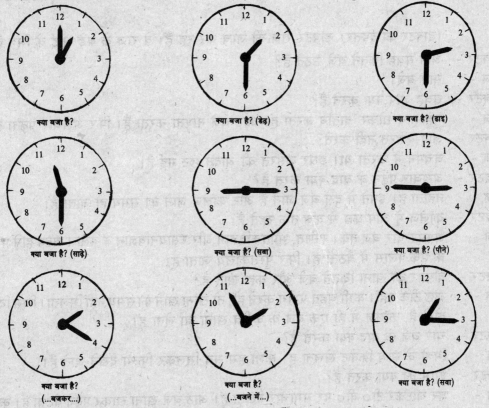

क्या बजा है?   क्या बजा है? (डेढ़)   क्या बजा है? (ढाई)

क्या बजा है? (साढ़े)   क्या बजा है? (सवा)   क्या बजा है? (पौने)

क्या बजा है?   क्या बजा है?   क्या बजा है? (सवा)
(...बजकर...)   (...बजने में...)

C.   HOME WORK ASSIGNMENTS:

  I. Write sentences using the following items:

कोई भी,   आराम करना,   बनावटी,   तैयार करना,   V-ने में वक्त लगना।

 II. Pretend you are in charge of a party of ten people who will eat and sleep in your town. Write 8-10 sentences describing how you will get your friends to perform various tasks to make your visitors feel at home.

23

LESSON FOUR: चौथा पाठ

डाक्टर से भेंट

(डाक्टर का दफ़्तर। डाक्टर राज की जांच कर रहे हैं। वे राज के बड़े भाई के मित्र हैं।)

डाक्टर – आप सुबह कितने बजे उठते हैं?

राज – सात बजे।

डाक्टर – सुबह आप क्या करते हैं?

राज – मुंह-हाथ धोकर, दातौन करता हूं। आठ बजे नाश्ता करता हूँ। फिर अखबार पढ़ता हूं।

डाक्टर – आप कसरत नहीं करते?

राज – बचपन में करता था। इधर कसरत की आदत छूट गई है।

डाक्टर – अखबार पढ़ने के बाद क्या करते हैं?

राज – नहाता हूं। इतने में दस बज जाते हैं और कॉलेज जाने का समय हो जाता है।

डाक्टर – कॉलेज में आप कब से कब तक रहते हैं?

राज – अक्सर चार बजे तक। गणित, भौतिकविज्ञान और रसायनविज्ञान के क्लास खत्म होने पर इतिहास के एक क्लास में बैठता हूं। फिर पुस्तकालय जाता हूं।

डाक्टर – दोपहर का खाना कितने बजे और कहां खाते हैं?

राज – कुछ ठीक नहीं। कभी बहुत प्रयोग करने हों, तो खाना खाने का समय नहीं मिलता। जिस दिन फुरसत होती है, कॉलेज में ही एक बजे के करीब खाना खा लेता हूं।

डाक्टर – चार बजे के बाद क्या करते हैं?

राज – मित्रों के साथ क्रिकेट खेलता हूं। कभी हम सब मिलकर फ़िल्म देखने जाते हैं।

डाक्टर – शाम को क्या करते हैं?

राज – घर लौटकर टी० वी० पर समाचार देखता हूं। आठ बजे खाना खाकर पढ़ने बैठता हूं। काफ़ी चीजें याद करनी पड़ती हैं। 11 बजे के आस-पास सो जाता हूं।

डाक्टर – देखिए राज साहब। आपको अपनी सेहत का ख्याल रखना चाहिए। रोज़ दोपहर का खाना समय पर खाइए। आप मांस-मछली नहीं खाते, इसलिए रोज़ दो गिलास दूध पीजिए। और सुबह कम-से-कम आधा घंटा कसरत कीजिए।

राज – जी।

डाक्टर – आपका स्वास्थ्य काफ़ी अच्छा है। आप अपना ख्याल रखेंगे, तो हमेशा स्वस्थ रहेंगे।

राज – धन्यवाद। अगले साल फिर आपसे मिलूंगा। इस बार जब छुट्टियां होंगी तब कसरत भी शुरू कर दूंगा। नमस्ते।

डाक्टर से भेंट

भेंट	(nf.) meeting
X की जांच करना	to examine X
उठना	to get up
सात बजे	at 7:00
मुंह-हाथ धोना	to wash up a bit, wash one's hands and face
दातौन करना	to brush one's teeth
नाश्ता करना	to eat breakfast
कसरत करना	to exercise
बचपन	(nm.) childhood
इधर	recently
आदत	(nf.) habit
छूट जाना	to be lost
नहाना	to bathe, take a bath
इतने में	by then
X बज जाते हैं	'It becomes X o'clock'
अक्सर	usually
कब से कब तक	lit. from when till when, i.e., how long
गणित	(nm.) maths.
भौतिकविज्ञान	(nm.) physics
रसायनविज्ञान	(nm.) chemistry
इतिहास	(nm.) history
पुस्तकालय	(nm.) library
कुछ ठीक नहीं	'nothing fixed'
कभी	sometimes
प्रयोग	(nm.) experiment
जिस	on which (relative construction)
फुरसत होना	to have (spare) time
के करीब	about, approximately
क्रिकेट	(Eng.) cricket
खेलना	to play
मिलकर	together
लौटना	to return
टी० वी०	(Eng.) TV
समाचार	(nm.) news
पढ़ने बैठता हूं	'I sit down to study.'

याद करना	to memorize
X करना पड़ता है	for one to have to do X
के आस-पास	about, approximately
सो जाना	to go to sleep
सेहत	(nf.) health
X का ख्याल रखना	to keep X in mind, to take care of X
रोज़	daily
समय पर	on time
मांस	(nm.) meat
मछली	(nf.) fish
गिलास	(Eng.) glass
दूध	(nm.) milk
कम-से-कम	at least
आधा	half
घंटा	(nm.) hour
स्वास्थ्य	(nm.) health
स्वस्थ	healthy
धन्यवाद	thanks
अगला	next
बार	(nf.) a time
जब	when (relative construction)
छुट्टी	(nf.) holiday
शुरू करना	to begin

THE CONJUNCTIVE PARTICIPLE (CP)

I. The CP is formed by adding कर to the verb root in Hindi, e.g. खाकर 'having eaten', उठकर 'having risen', देखकर 'having seen', etc. After the verb कर, the CP - marker के is used, e.g. करके 'having done'.

II. Two consecutive actions may be expressed in the following manner using the CP construction:

1. राज ने खाना खाया।
2. राज सो गया।
3. खाना खाकर राज सो गया।
     Raj ate and went to sleep.
4. सजनी घर आई।
5. सजनी ने टी० वी० चलाई।

26

6. घर आकर सजनी ने टी० वी० चलाई।

Sajni came home and switched on the T.V.

7. मैं शिकागो पहुँचूँगा।

8. मैं आपको फोन करूँगा।

9. शिकागो पहुँचकर मैं आपको फोन करूँगा।

I will get to Chicago and then call you.

10. वह किताब लाया।

11. उसने किताब मेरे सामने रख दी।

12. किताब लाकर उसने मेरे सामने रख दी।

He brought the book and put it in front of me.

In order to express the meaning 'action Y followed action X', two clauses are joined together with the CP form of the verb of the first clause only if the two clauses share the same subject (see, however, section IV).

III. In some cases, the CP construction expresses a meaning similar to the manner adverbial, e.g.

13. वह हँसकर बोला...

He said laughing...

14. राम भागकर मेरे पास आया।

Ram came running to me.

15. इन्हें सम्हालकर रख दो।

Put these (somewhere) carefully.

16. वह घोड़े पर सवार होकर चल दिया।

He left, riding his horse.

Note also the following, which have different translations in English:

17. बच्चा सिसक-सिसककर रोने लगा।

The child began to sob and cry.

18. वह ठठाकर हँस पड़ा।

He burst out laughing.

19. आप निश्चिंत होकर यहाँ रहें।

Please stay here without any worries.

20. वह चीखकर बोला...

He screamed...

IV. Notice the following where the subjects of the first and second clause are not identical.

a. Time expressions:

21. चार बजकर दस मिनट हुए हैं।

It is ten minutes past four.

b. The subject of the CP and the possessive of the subject noun phrase of the second clause are identical and coreferential:

22. भाई से मिलकर उसका मन शांत हुआ।

    His mind felt calm after he met his brother.

23. वहाँ की हरियाली देखकर मेरी आँखें ठंडी हो गईं।

    My eyes felt relaxed looking at the greenery there.

c. Fixed idiomatic expressions:

24. मैंने अभी दो ही अध्याय पढ़े हैं। पता नहीं, आगे चलकर नायक का क्या हाल होता है।

    I have read only two chapters so far, I don't know what happens to the hero later on in the book.

25. अभी मौका है, पढ़-लिख लो। आगे जाकर क्या होगा, कौन जानता है।

    You have an opportunity now, study well. Who knows what would happen in the future.

V. The CP is negated by using बिना with a special form of the verb. This special form consists of the verb root and the suffix - ए, e.g.,

26. राज खाए बिना सो गया।

    Raj went to sleep without eating.

27. वह मुझे बताए बिना शिकागो चला गया।

    He went to Chicago without telling me.

When the CP in कर occurs with the negative particle, the meaning is that of alternative action. e.g.,

28. वह खाना न खाकर सो गया।

    Instead of eating, he went to sleep.

29. घर न आकर सजनी लाइब्रेरी चली गई।

    Instead of coming home, Sajni went off to the library.

30. वह पत्र न लिखकर कहानी पढ़ने लगा।

    Instead of writing the letter, he began to read.

VI. Translate the following, using the CP wherever appropriate:

Shamit came home at four. He flung (फेंकना) his books on the dining table, opened the refrigerater and took out a bottle of Coke. Then, he picked up the newspaper and sat on the couch, sipping the Coke and reading the sports section. When Raj opened the door and came in, he found Shamit sitting there. He picked up the comics and joined Shamit in the living room. Noone noticed that the air conditioning had stopped working and the flat was getting warmer.

आदत AND आदी

The notion 'to be accustomed to' or 'to be used to V-ing' is expressed in Hindi-Urdu with either the noun आदत 'habit' (f.) or the adjective आदी 'habituated'. In both cases, the verb of the action one is accustomed to doing appears in the infinitive, inflected because of a following postpostion. If the noun form is chosen, then the logical subject of the sentence takes को:

मुझे/मुझको चाय पीने की आदत है।

'I am accustomed to drinking tea'.

Note that following the verb of the accustomed action,there appears the postposition की. This is to agree with आदत, which is feminine; thus, this will be invariable, so long as the speaker chooses to use आदत rather than आदी.

Suppose, however, that the speaker chooses instead to use आदी, the adjective. This time the sentence takes this form:

मैं चाय पीने का आदी हूँ। (masc. speaker)

This time, the logical subject is the grammatical subject as well, and the main verb, होना, shows agreement with it. The posessive marker का following the verb of the accustomed action (पीने का) also agrees with the subject. Thus, we can have

मैं चाय पीने की आदी हूँ। (fem. speaker)
हम चाय पीने के आदी हैं। (pl. subject)

Translate the following using both आदत and आदी:

1. They are accustomed to sleeping until noon.
2. We are used to going there.
3. Are you used to wearing a sari?
4. Those people are accustomed to drinking beer on Friday.
5. Everyone is accustomed to counting in his own language.
6. Susie and I are used to eating lunch in the Red Herring.

गिनना (ने) to count

NOTES ON VOCABULARY, FIXED EXPRESSIONS, etc.

कुछ ठीक नहीं 'nothing is fixed, planned, certain'

V ना पड़ना means 'must/have to V': e.g.,

राज को रोज बगीचे में पानी देना पड़ता है।

Raj has to water the garden everyday.

V ना होना suggests compulsion because of one's own sense of duty, V ना पड़ना signals compulsion imposed by external factors:

आशा आज व्यस्त है, इसलिए रानी को आज खाना बनाना है।
Asha is busy today, so Rani has to cook today.
बॉस ने कहा है, इसलिए आज आठ बजे तक काम करना पड़ेगा।
Boss has told me to, so I have to work till 8p.m. today.

EXERCISES

A. ORAL WORK:
   1. क्या आप कसरत करते हैं?
   2. आप कितनी देर तक कसरत करते हैं?
   3. आप कब कसरत करते हैं?
   4. क्या आप को तैरने की आदत है?
   5. क्या आप सिगरेट पीने के आदी हैं?
   6. आप क्या-क्या पढ़ रहे हैं?
   7. आप दोपहर का खाना कितने बजे खाते हैं?
   8. आप शाम का खाना किसके साथ खाते हैं?

B. HOME WORK ASSIGNMENT:
   Write a paragraph describing what form of exercise you and your friends like, how often you engage in the activity.......

LESSON FIVE: पाँचवाँ पाठ

पंडित जवाहरलाल नेहरू
पं० सुमित्रानंदन पंत
(Adapted from साठ वर्ष और अन्य निबन्ध
राजकमल प्रकाशन, 1973)

पंडित-जी को निकट से देखने का अवसर मुझे 1921 में मिला। महात्मा गांधी के कहने पर तब कई छात्रों के साथ मैं भी कालेज छोड़ चुका था। हम लोग 'इंडिपेंडेंस' नामक दैनिक समाचार-पत्र को हाथ से लिखकर तैयार करते थे। यह समाचार-पत्र पं० मोतीलाल नेहरू के विचारों का प्रचार करता था। ब्रिटिश सरकार ने पत्र का दफ़्तर वगैरह जब्त कर लिया था। हम कार्बन से चार-चार प्रतियां तैयार करते थे। आनंद भवन के एक बड़े हॉल में यह काम होता था। पंडित जवाहरलाल नेहरू भी वहीं एक मेज़ पर काम में लगे रहते थे। कभी-कभी वे हम लोगों का काम देखने हमारे पास आ जाते। इससे हमारी सारी थकान दूर हो जाती। हम फिर से तरोताजा होकर काम में लग जाते।

इसके बाद पंडित-जी से भेंट स्वराज्य मिलने के बाद हुई। उनके लॉन में चाय-पान का आयोजन था। उन्हें पता चला था कि मैं दिल्ली में हूं। इसलिए उन्होंने मुझे भी बुला लिया था। भाई देवीदत्त के साथ, जो लोक-सभा के सदस्य थे, मैं वहां गया। पंडित-जी जब मेहमानों से मिलते हुए हमारी मेज के पास आए, तो किसीने उनसे मेरा परिचय कराया। फिर भाई देवीदत्त से यह कहकर परिचय कराया कि ये सुमित्रानंदन के बड़े भाई हैं, लोकसभा के सदस्य हैं। भाई ने माथे पर हाथ लगाते हुए कहा, "क्या खूब! यह तो खुदा का परिचय यह कहकर देना हुआ कि ये ईसा मसीह के बाप हैं!" पंडित-जी खूब हंसे। भाई देवीदत्त इसी तरह पंडित-जी को हंसाते रहते थे। एक बार पंडित-जी ने उनसे कहा कि तुम भी अब डिप्टी मिनिस्टरी की कोशिश करो। भाई तुरंत बोल उठे, "नहीं, पंडित-जी, अब तो मैं एम० पी० से पी० एम० ही बनूंगा।"

पंडित-जी से मिलने के और भी अवसर आए। पर मैंने कभी उनके निकट आने का प्रयत्न नहीं किया। स्वराज्य के बाद उनका जीवन व्यस्त रहता था। मैं भी अपनी उलझनों में रहा। पंडित-जी संत नहीं, एक संस्कृत-परिष्कृत व्यक्ति थे। उनके बारे में सोचने में सदैव एक सुखद प्रतिक्रिया होती है।

पं० जवाहरलाल नेहरू

पं०	(abbreviation for: पंडित)
सुमित्रानंदन पंत	a well-known Hindi writer
पंडित-जी	Nehru
निकट	nearby
अवसर	(nm.) opportunity
X के कहने पर	on X's saying
छात्र	(nm.) student

छोड़ना	to leave
Verb+चुकना	to accomplish or complete the verbal action
इंडिपेंडेंस	(Eng.) independence
X नामक	by the name of X, named X
दैनिक	daily
समाचार-पत्र	(nm.) newspaper
पं० मोतीलाल नेहरू	Father of Jawaharlal Nehru
X का प्रचार करना	to publicize X, to spread X
ब्रिटिश	(Eng.) British
सरकार	(nf.) government, administration
वगैरह	etc.
जब्त करना	to confiscate
कार्बन	(Eng.) carbon paper
चार-चार	four at a time, in fours
प्रति	(nf.) a copy
आनंद भवन	Residence of Motilal Nehru
हॉल	(Eng.) hall
X में लगे रहना	to be continuously engrossed in X
देखने	= देखने के लिए
सारा	entire, whole
थकान	(nf.) weariness, fatigue
दूर हो जाना	to disappear
तरोताज़ा	refreshed
X में लग जाना	to settle down to doing X
इसके बाद पंडित जी.....हुई	= इसके बाद स्वराज्य मिलने के बाद पंडित-जी से भेंट हुई।
स्वराज्य	(nm.) independence (aso आज़ादी (f.) स्वतंत्रता (f.))
लॉन	(Eng.) lawn
चाय पान	(nm.) tea
आयोजन	(nm.) arrangement
X को पता चलना	for X to come to know
बुलाना	to invite
देवीदत्त	S.N. Pant's elder brother
लोक-सभा	(nf.) lower house of Indian Parliament
सदस्य	(nm.) member
मेहमान	(nm.) guest
X का परिचय कराना	to introduce X
माथा	(nm.) forehead
क्या खूब!	'What do you think of that!'

यह तो......के बाप हैं।	'That's as if you were introducing God by saying that he's Christ's father.'
खूब	a lot
X को हंसाना	to make X laugh
डिप्टी मिनिस्टरी	Deputy Ministership (lower in rank to Cabinet Minister)
तुम भी.....की कोशिश करो	You should also try to get the Deputy Minister's position
तुरंत	immediately
बोल उठना	to say, to come up with a ready answer
एम० पी०	M.P. (Member of Parliament)
पी० एम०	P.M. (Prime Minister)
बनना	to become
और भी अवसर आए	'There were other opportunities also.'
पर	but
प्रयत्न	(nm.) attempt
व्यस्त	busy
उलझन	(nf.) entanglement, involvement
संत	(nm.) a saint
संस्कृत	cultured
परिष्कृत	sophisticated
व्यक्ति	(nm.) an individual, a person
मन	(nm.) mind, heart
सदैव	always
सुखद	pleasant
प्रतिक्रिया	(nf.) reaction, (here: feeling)

RELATIVE CLAUSE

I. Relative and correlative forms:

Relative	Sg.	Plu.	Correlative	Sg.	Plu.
Dir.	जो	जो	Dir.	वह	वे
Obl.	जिस	जिन	Obl.	उस	उन

II. In order to form a relative clause, the relative marker is attached to the appropriate noun is the subordinate clause, and the correlative marker to its counterpart in the main clause. Also, usually, the identical and correferential noun in the main clause is deleted. For example, consider 1—3; in 3 the noun to be deleted is enclosed in (   ):

1. लड़का वहाँ खड़ा है।

२. लड़का मेरे क्लास में है।

3. जो लड़का वहाँ खड़ा है वह (लड़का) मेरे क्लास में है।

    The boy who is standing there is in my class.

III. Notice that in order to form a relative clause, it is not necessary to change the word order of the sentences:

  4. अमर ने किताब खरीदी।

  5. किताब बहुत मुश्किल निकली।

  6. अमर ने जो किताब खरीदी वह बहुत मुश्किल निकली।

    The book that Amar bought turned out to be difficult.

The basic word-order may, however, be changed for thematic reason.
Compare:

  7. मैं कमरे में रहता हूँ।

  8. कमरा खूब हवादार है।

  9. मैं जिस कमरे में रहता हूँ वह खूब हवादार है।

10. जिस कमरे में मैं रहता हूँ वह खूब हवादार है।

    The room in which I live is quite airy.

The difference in meaning between 9 and 10 may be expressed in English by (i) and (ii):

 (i) (You know) I live in this room—it is quite airy.

(ii) The room that I live in is quite airy.

IV. In all the above examples, the relative clause precedes the main clause. That, however, is not necessary. The main clause may precede the relative clause. In such cases, the relativized noun is deleted [(the noun to be deleted is enclosed in (   )]:

11. सुधीर ने (मकान) खरीदा है।

12. मकान में अभी कोई नहीं रहता।

13. उस मकान में अभी कोई नहीं रहता जिसे सुधीर ने खरीदा है।

    At the moment, no body lives in the house that Sudhir has bought.

Notice the changes of word order in the relative clause; we do not have सुधीर ने जो खरीदा है, instead, we have, जिसे सुधीर ने खरीदा है. Some more examples of such relative clauses follow:

14. (लड़का) कुर्सी पर बैठा है।

15. मैं लड़के को नहीं जानता।

16. मैं उस लड़के को नहीं जानता जो कुर्सी पर बैठा है।

    I do not know the boy who is seated in the chair.

17. क्या आप उस आदमी से मिले?

18. (उस आदमी) की टोपी यहाँ रखी है।

19. क्या आप उस आदमी से मिले जिसकी टोपी यहाँ रखी है?

Did you meet the man whose cap is lying here?

Notice that demonstratives do not occur with the relative and correlative markers.

V. In case the head noun, i.e., the noun modified by the relative clause, is indefinite, the relative clause must follow the main clause:

20. एक आदमी आया था।
21. (आदमी) आपसे मिलना चाहता था।
22. एक आदमी आया था जो आपसे मिलना चाहता था।
A man came who wanted to meet you.
23. मैं ने एक किताब खरीदी है।
24. (किताब) में बहुत सुंदर तस्वीरें हैं।
25. मैं ने एक किताब खरीदी है जिसमें बहुत सुंदर तस्वीरें हैं।
I bought a book in which there are very pretty pictures.

RELATIVE-LIKE CONSTRUCTIONS:

I. In Hindi, there are complex sentences with subordinate clauses of time, place, direction etc. which are similar to the relative-correlative construction. The relative-correlative forms used in such constructions are give below.

II. Time

Relative	Correlative	
जब	तब	'when'
जब तक	तब तक	'as long as', till.
जैसे ही	वैसे ही	'as soon as'
ज्यों ही	त्यों ही	

Sometimes the correlative forms are left out and sometimes, a word meaning 'time' occurs instead of the expected correlative form. The order of the subordinate and the main clause may vary, too.

1. जब पढ़ाई पूरी हो जाएगी तब मैं नौकरी ढूँढूंगा।
I will look for a job when I complete my study.
2. जब आप आए उस समय सीमा सो रही थी।
Sima was asleep when you arrived.
3. जैसे ही टैक्सी दिखी राज ने सीटी बजाई।
Raj whistled as soon as he saw a taxi.
4. जब तक लोग पहुँचे मकान जल चुका था।
The house was burnt by the time the people arrived.
5. उस समय मैं घर में नहीं था जब आपका फोन आया।
I was not home when you called.

III.   Place
         Relative   Correlative
         जहाँ   वहाँ   'where'
         जहाँ तक   वहाँ तक   'as far as'
   6. जहाँ हम रहते हैं वहाँ बर्फ नहीं पड़ती।
      It does not snow where we live.
   7. हम उस कमरे में गए जहाँ श्याम पढ़ रहा था।
      We went into the room where Shyam was studying.
   8. जहाँ तक चल सकें, चलें, फिर टैक्सी ले लेंगे।
      Walk as far as you can, then we will take a taxi.
Notice the order of the clauses in 7, also, the noun कमरा instead of the correlative form
वहाँ, and the absence of any correlative form in 8.

IV. The relative-correlative forms for direction, manner, quantity and quality are listed
    below.
    Direction
         जिधर   उधर   'the direction in which'
         जिस दिशा में   उस दिशा में
    Manner
         जैसे   वैसे   'the manner in which'
         जिस ढंग से   उस ढंग से
    Quantity
         जितना   उतना   'as much as'
                                                             'as many as'
    Quality
         जैसा   वैसा   'similar to'
The following sentences exemplify their use:
   9. आप जिधर जा रहे हैं उधर कोई होटल नहीं है।
      There are no hotels in the direction in which you are going.
  10. रीमा जैसे बात करती है उसकी बहन वैसे नहीं करती।
      Her sister does not talk the way Rima does.
  11. आप जितनी किताबें चाहें, ले जाएँ।
      Take as many books as you want.
  12. सीता ने जैसी साड़ी खरीदी वैसी अब नहीं मिलेगी।
      The type of saree that Sita bought is no longer available.
 V. Translate the following into Hindi
    1. When I first saw him, he was twelve years old.
    2. I don't know the girl who is playing tennis with Peter.
    3. The hotel that we stayed in was very small.
    4. He picked up as many books as he could.

36

5. Do you have any close friends where you live?

NOTES ON VOCABULARY:

X का Y से परिचय कराना : to introduce X to Y

X का Y से परिचय होना : for X to be acquainted with Y

X के कहने पर : on X's request

और भी X : other X, too

Examples:

सीमा का शीला से कल ही परिचय हुआ।

Seema got acquainted with Sheela only yesterday.

मैंने शीला का सीमा से परिचय कराया।

I introduced Sheela to Seema.

The NP का and NP से may change places, but the relationship remains the same.

माँ के कहने पर उसने बनारस जाना स्वीकार कर लिया।

On his mother's request (on his mother asking him to), he agreed to go to Banaras.

उसने मुझे और भी किताबें दी हैं।

He has given me other books, too.

EXERCISES

A. ORAL WORK:

1. नेहरू कौन थे?
2. आनंद भवन कहाँ है?
3. सुमित्रानंदन पंत कौन थे?
4. भारत को आज़ादी कब मिली?
5. लोकसभा से क्या मतलब है?
6. देवीदत्त कौन हैं?
7. पंत नेहरू से कब-कब मिले?
8. नेहरू कैसे व्यक्ति थे?

B. HOME WORK ASSIGNMENT:

On the basis of your readings, write a short paragraph on either नेहरू or भारत की आजादी।

LESSON SIX: छठा पाठ

राजू

सुमित्रानंदन पंत

[Adapted from the same as 'Nehru']

एक दिन जब बहन यूनिवर्सिटी से आई, तो उसके एक हाथ में किताबें थीं, दूसरे में प्लास्टिक की टोकरी। टोकरी में एक हल्का-सा ऊनी शाल सांस ले रहा था। मैं उस टोकरी को ध्यान से देखने लगा। सोचा, टोकरी में इस बार बिस्कुट, मिठाई, चाय नहीं, कोई खिलौना होगा। शायद पड़ोस के बच्चों के लिए हो। इतने में बहन रिक्शेवाले के पैसे चुका कर खुश-खुश बोली, "ज़रा शाल की परत उठाकर तो देखो कि क्या लाई हूं।" फिर बोली, "क्या कहूं, मेरी 'कलीग' मानी ही नहीं। जबरदस्ती इसे पकड़ा दिया।"

मैंने कुछ आश्चर्य, कुछ झुंझलाहट के साथ बहन की पहेली को समझने की कोशिश करते हुए शाल उठाना शुरू किया। तभी बहन पुकारने लगी, "राजू! राजू!" राजू एकदम रुई की तरह सफ़ेद था, उसके माथे पर कत्थई रंग का धब्बा सुंदर लगता था। पूंछ पर भी कत्थई रंग के छल्ले बने थे। मेरा काफ़ी समय उसकी देख-भाल करने में लगने लगा। अभी वह डेढ़-दो महीने का ही था। साल भर राजू ने हमारा वह मनोरंजन किया कि यदि सब कुछ लिखूं, तो एक राजू-पुराण ही बन जाए। एक दिन राजू महाशय घर से गायब हो गए। अभी चार-पांच महीनों के ही होंगे। हमने सारा घर छान डाला। सुबह से दोपहर हुई, फिर चाय का वक्त भी आ गया। बड़े बेमन से चाय पी। इतने में राजू की आवाज़ सुनाई पड़ी। हमने फिर खोज शुरू की। अदंर कपड़ों की आलमारी से आवाज़ आती हुई लगी। बहन ने आलमारी खोली, तो राजू-जी कूद कर बाहर निकले। दिन भर मुलायम कपड़ों की तहों में आराम से सोए रहे थे!

बिल्ली एक सफ़ाई-पसंद पशु है—यह बात मुझे अच्छी लगती है। नई चीज़ों से उसे बड़ा प्यार होता है। नया गद्दा हो, नई चादर हो, राजू फ़ौरन उस पर एक नींद लेना चाहेगा। लोगों ने मुझे डराया था कि बिल्ला एक-दो साल का हो जाय तो घर से चला जाता है। राजू को अब छह साल हो गए, अब भी खाना खाकर मेरे तख्त पर सो जाता है। कितने ढंग से वह सोना जानता है, कोई भी 'फ़िल्म स्टार' उससे लेटने के एक-से-एक सुंदर 'पोज़' सीख सकती है।

राजू

प्लास्टिक	(Eng.) plastic
टोकरी	(nf.) basket
हल्का-सा	very light
ऊनी	woolen
शाल	(nm.) shawl
सांस लेना	to breathe

ध्यान से	carefully
verb + ने लगना	to begin to verb
बार	(nf.) time
बिस्कुट	(British) biscuit, (American: cookie)
कोई	some
खिलौना	(nm.) toy
पड़ोस	(nm.) neighborhood
चुकाना	to pay off
परत	(nf.) fold
उठाना	to lift up
कलीग	(Eng.) colleague
मानना	to agree, to accept
मेरी कलीग मानी ही नहीं	my colleague wouldn't accept (my refusal)
ज़बरदस्ती	by force
पकड़ाना	to hand (to somebody)
आश्चर्य	(nm.) surpise
झुंझलाहट	(nf.) irritation
पहेली	(nf.) riddle
तभी	just then
पुकारना	to call
पुकारने लगी	began to call
एकदम	completely
रुई	(nf.) cotton
X की तरह	like X
कत्थई	dark brown
धब्बा	(nm.) spot
सुन्दर लगता था	looked pretty
पूंछ	(nf.) tail
छल्ला	(nm.) ring
काफ़ी	quite a bit
देख-भाल	(nf.) care, looking after
समय लगना	for it to take time
क़ाफ़ी... समय लगने लगा	began to take quite a bit of time
डेढ़-दो	1½ to 2
साल-भर	for a full year
मनोरंजन करना	to entertain
राजू ने हमारा वह मनोरजन किया, कि..	Raju entertained us so much that
यदि	if
राजू-पुराण	(nm.) a "Raju Purana" (Puranas are ancient Hindu

mythological scriptures named after various gods and incarnations, describing their exploits)

राजू महाशय	Sir Raju
गायब हो जाना	to disappear
छान डालना	to sift through
बे-मन	without any enthusiasm
इतने में	by then, meanwhile
आवाज़	(nf.) voice
सुनाई पड़ना	to be heard
खोज	(nf.) search
आलमारी	(nf.) closet
खोलना	to open
कूदना	to jump
निकलना	to come out
दिन-भर	all day long
मुलायम	soft
तह	(nf.) fold
आराम से	comfortaby
बिल्ली	(nf.) cat
सफाई	(nf.) cleanliness
सफाई-पसंद	one who likes cleanliness
पशु	(nf.) animal
प्यार	(nm.) love
गद्दा	(nm.) mattress
चादर	(nf.) sheet
फौरन	immediately
नींद	(nf.) sleep
डराना	to scare
बिल्ला	(nm.) male cat
तख़्त	(nm.) wooden bed, wooden couch
ढंग	(nm.) way, manner
लेटना	to lie down
एक-से-एक	each better than the next

SUPPLEMENTARY NOTES

X adj लगना = for X to look adj e.g., राज उदास लगा means 'Raj looked sad'.

X verbal participle = for X to appear verbal participle

राज ऊँघता (हुआ-सा) लगा।

Raj appeared to be dozing.

मोहन सब से ऊबा (हुआ) लगा।

Mohan appeared bored with everyone.

X V आ रहा = X had remained Ved

This construction is possible in other tenses, too. For instance:

राज की चीजें इस दराज में सालों से रखी रही हैं।

Raj's things have been kept in this drawer for years.

अगर आप न बुलाएँगे तो वह वहाँ घंटों लेटा रहेगा।

If you do not call him, he will remain lying there for hours.

EXERCISES

A. ORAL WORK

1. पंत की बहन कहाँ से आई?
2. उनके हाथों में क्या था?
3. पंत ने टोकरी देखकर क्या सोचा?
4. बहन ने उनसे क्या कहा?
5. पंत ने टोकरी में क्या पाया?
6. राजू कौन था? उसके बारे में आप क्या बता सकते हैं?
7. राजू की देख-भाल कौन करता था?
8. जिस दिन राजू गायब हो गया, पंत ने क्या किया?
9. राजू कब मिला? कहाँ मिला?
10. बिल्ले के बारे में लोग क्या कहते हैं?
11. पंत का क्या अनुभव रहा? (अनुभव = experience)

B. TRANSLATE THE FOLLOWING:

1. When my sister came home, she had a large basket in her hands.
2. That day, Niraj (नीरज) seemed sad to me.
3. A great deal of my time goes in studying Hindi.
4. This house is new, it may just be five years old.
5. He remained seated in the park for four hours last night.
6. The rain has just stopped (at the moment of speaking).

C. FILL IN THE BLANKS:

एक दिन मेरी सहेली मेरे_____ बाजार से एक बिल्ली_____। बिल्ली चार-पाँच हफ्तों_____थी। उसका रंग काला_____। मेरा _____वक्त उसकी देख-भाल में____ ____। धीरे-धीरे मुझे बिल्ली

41

से_____ प्यार____ ____। अब मेरे_____ एक कुत्ता_____ है। मुझे जानवर पालने_____ बड़ा_____ है। कुछ दिनों _____ मैं कुछ मछलियाँ और दो चिड़िया _____ पालने _____ सोच रहा हूँ।

D. Home work Assignment:

Use the following in sentences of your own:

जबरदस्ती, ध्यान से, V ने लगना, परत, X की तरह, गायब हो जाना, देख-भाल करना, X में समय लगना।

LESSON SEVEN: सातवाँ पाठ

आपका बंटी

मन्नू भंडारी

इस कहानी में तीन पात्र हैं। बंटी, उसकी ममी, और उनकी पड़ोसिन। बंटी की मां दुबारा शादी की सोच रही हैं। बंटी को अभी इस बात का पता नहीं। पड़ोसिन बंटी की ममी से इसके बारे में बात करने आई है।

उसी दिन तो बंटी को पहली बार मालूम हुआ था कि ममी डॉक्टर जोशी से शादी कर रही हैं। बस, केवल मालूम भर हुआ था।

बंटी अपनी टेबुल पर बैठा होम-वर्क कर रहा है, और ममी कालेज की फ़ाइलें देख रही हैं। तभी गोद में गुड़िया को लटकाए पीछे-वाले दरवाज़े से टीटू की अम्मां घुसीं।

ममी थोड़ा चौंकीं, ''अरे, आप! कहिए, कैसे आना हुआ? बैठिए!''

''क्या बताऊं, बहनजी, पड़ोस में रहकर भी कभी आना ही नहीं होता। दोपहर को तो घंटा-आधा-घंटा निकल भी जाए, पर सवेरे-शाम तो फुरसत नहीं मिलती।''

फिर उसकी ओर देखकर बोली, ''अब आपके बंटी को देखो! कैसा चुपचाप पढ़ रहा है। एक हमारे बच्चे हैं, चौबीस घंटे घर में महाभारत मचाकर रखते हैं।

''टीटू नहीं आया, अम्मां?'' इस घर में आकर अम्मां कैसा मीठा-मीठा बोल रही हैं। तभी तो पूछने की हिम्मत हुई।

''टीटू कहां आएगा! वहां कैरम खेल रहा है।''

''बंटी, जाओ तो बेटे, फूफी से कहो कि चाय बनाए।''

''नहीं, बहनजी! मैं तो पीकर आई हूं। और सच पूछो तो आज मिठाई खाने आई हूं। मुझे तो कल रात को ही इन्होंने आकर खुश-खबरी सुनाई। बोले, तुम जाकर बधाई तो दे आओ। यों आना-जाना चाहे बच्चों तक ही है, फिर भी, पड़ोसी तो हैं ही!'' और अम्मां के चेहरे पर एक अजीब-सी मुस्कान फैल गई।

ममी का चेहरा इतना लाल क्यों हो गया?

''पहले जब डॉक्टर साहब को एक-दो बार देखा, तो सोचा कोई बीमार होगा! पर जब बंटी ने बताया कि कोई बीमार नहीं है, तो सोचा भई आते होंगे!''

ममी चुप! बस, केवल उनकी एक उड़ती-सी नजर बंटी ने अपने चेहरे पर महसूस की।

''मेरी तो, बहनजी, दूसरों के घरों में ताक-झांक करने की आदत ही नहीं है। ....बंटी तो बहुत खुश होगा! अब पापा भी मिल जाएंगे और भाई-बहन भी....''

अनायास ही उसकी नजरें ममी से जा टकराई थीं। पता नहीं क्या था उन नज़रों में कि वहां और बैठा नहीं रह सका।

बंटी	(name of a young boy in story)
लेखिका	(nf.) author (ess)
कहानी	(nf.) story
पात्र	(nm.) character
पड़ोसिन	(nf.) neighbour woman
दुबारा	again, for a second time
शादी	(nf.) wedding, marriage
शादी करना	to get married
X की सोचना	to plan X, to think of doing X
X को Y का पता होना	for X to come to know about Y
X के बारे में	about X
वह बात करने आई है।	= वह बात करने के लिए आई है।
X को मालूम है	'X knows'
X को मालूम हुआ	'X came to know, X heard about'
बस	'that's all'
केवल मालूम भर हुआ था	'He only came to know about it, no more than that.'
तभी	right then
गोद	(nf.) lap
गुड़िया	(nf.) a doll, (here: name of a baby girl)
लटकाना	to suspend, to let hang
टीटू	(name of a neighbour boy)
अम्मा	(nf.) mother
घुसना	to enter, to burst into
चौंकना	to be startled
कैसे आना हुआ?	(a common greeting when someone drops in. Lit: How did you happen to come)
बहन जी	(lit: sister, a polite way of addressing a woman, especially a teacher)
पड़ोस	(nm.) neighborhood
पड़ोस में रहकर भी	'even though living in the neighborhood'
कभी...नहीं	never
आध (आधा)	one half
घंटा-आधा-घंटा	a half hour to an hour
निकल जाना	to be found, to be extracted
सवेरे-शाम	mornings and evenings

फ़ुरसत	(nf.) spare time
X को फ़ुरसत होना	for X to have the time
ओर	(nf.) direction
X को देखो	'look at the example that X sets' (lit: look at X)
चुपचाप	quietly, silently
एक हमारे बच्चे हैं	'On the other hand, look at *my* kids.'
महाभारत	one of the 2 great Sanskrit epics
महाभारत मचाना	to get into tremendous battles
मीठा-मीठा	very sweetly
तभी	'that's why'
हिम्मत	(nf.) courage
X करने की हिम्मत होना	to have the courage to do X
कहां	= क्यों
फूफी	(nf.) (lit: father's sister) (in this story an old family servant is called 'phuphi')
सच	(nm.) the truth
मिठाई खाने आई हूं।	= मैं मिठाई खाने के लिए आई हूं। In India it is custom to pass out sweets to friends on happy occasions, So by saying "I've come to eat sweets," Titu's mother is really congratulating Banti's mother on her engagement.
इन्होंने	'He' (This is Titu's mother's way of referring to her husband. It is considered very inauspicious for a Hindu wife to call her husband by name.)
खुश-खबरी	(nf.) good news
सुनाना	to tell
बधाई	(nf.) congratulations
दे आओ	= दे कर आओ
यों...चाहे...	'granted that...'
आना-जाना	coming and going, visiting back and forth
यों आना-जाना चाहे बच्चों तक ही है...	'Granted that it's only the children who visit back and forth between our houses...'
फिर भी	even so
फिर भी पड़ोसी तो हैं ही	'But even so, we *are* neighbours after all.'
चेहरा	(nm.) face
अजीब	strange
अजीब-सी	sort of strange
मुस्कान	(nf.) smile
फैल जाना	to spread

हो जाना	to become
एक-दो बार	one or two times
बार	(nf.) time (s)
कोई बीमार होगा	'Somebody is probably sick.'
भई, आते होंगे	'Well, so he comes, what difference does it make?' (lit: Well, he probably comes.)
चुप	silent
उड़ना	to fly
उड़ती-सी	fleeting
नज़र	(nf.) glance
महसूस करना	to feel
ताक-झांक करना	to snoop, to spy on
X की ताक-झांक करने की आदत होना	for X to be in the habit of snooping
खुश	happy
अनायास	suddenly
टकराना	to collide with, to encouter
उसकी नज़रें ममी से जा टकराई थीं	'His eyes met his mother's.'
बैठा रहना	to keep sitting

Notes:

1. Divorce is still not socially-accepted behavior among middle classes (especially caste Hindus) in India. Remarriage after divorce, especially for a woman, is still less acceptable. Hence the reticence on part of Banti's mother. Also, serious family matters are not discussed with minor children in Indian families. That is why Banti has no information about his mother's plans for remarriage.

2. महाभारत is the epic that describes the great war between the Kauravas and Pandavas in which the whole of the then Indian settlements became involved. The famous Bhagavadgita is part of this epic.

EXERCISES

A. ORAL WORK:

1 मुझे आज ही मालूम हुआ, कि_____

    you have come today
    you have just come today
    you have just come here today
    you have just come here for the first time today
    you go walking
    you go walking in the mornings
    you go walking in the mornings and evenings

2. मुझे पता है, कि _____

        today is some special day

        there is no light in your house

        there is no light in your house today

        your house is in my direction

        you live in my neighborhood

        you are my neighbor

        you are looking for a house

3. क्या तुमको _____का पता है?

        about this matter

        about her marriage

        about his coming

        about her coming

        about their coming

        about my going to Agra

        about their going to India

4. हम _____की सोच रहे हैं।

        of coming in your direction

        of walking in the mornings and evenings

        of visiting (meeting with) you

        of doing homework

        of making tea

        of having tea made

        of studying Sanskrit

5. मैं आज शाम को ज़रूर _____यहां जाऊंगी।

        your (pol.)

        my sister's

        your (fam.) sister's

        your (fam.)

        Titu's mother's

        Kamla's brother's

        my teacher's

6. हम लोगों को रोज़_____फुरसत होती है।

        in the mornings and evenings

        in the morning at 6:00

        at 10:15 in the morning

        at 9:45 in the morning

        at 8:00 in the morning

at 8:20 in the morning
after eating
after returning from school
in the afternoon
after doing our homework

7. रमेश____________________गया।

to look for a house
to look for a room
to buy some vegetables
to buy a book
to buy tea and sugar
to meet his friend
to tell his mother
to drink tea
to eat supper

8. ____________________के बारे में मुझे मत बताओ।

Gita
your (fam.) school
Richard's new car
Mona Lisa's smile
Mona Lisa's sort of strange smile
Dr. Joshi's second marriage
your (pol.) sort of strange neighbor

B. HOMEWORK ASSIGNMENT:

Write a paragraph in Hindi on what you know about the institution of divorce (तलाक़) in India.

C. CONVERSATION

रागिनी	–	आप 5 मई को हमारे यहां आ सकेंगी?
कुसुम	–	बड़ी ख़ुशी से। कोई खास बात है?
रागिनी	–	जी हां, मेरी बड़ी बहन की शादी हो रही है।
कुसुम	–	अच्छा? लड़का कहां का है?
रागिनी	–	बंबई का। डाक्टर है।
कुसुम	–	तो शादी के बाद आपकी बहन बंबई चली जाएंगी?
रागिनी	–	जी हां। आपको हमारा पता मालूम है?
कुसुम	–	ठीक से नहीं। मकान नंबर तो मालूम है, पर यह पता नहीं कि वहां तक कैसे पहुंचूंगी।
रागिनी	–	आप कभी गांधी पार्क गई हैं?
कुसुम	–	जी हां, कई बार।

रागिनी — वहां से जो सड़क उत्तर की तरफ़ जाती है, उस पर चलें। कोई पांच सौ गज़ के बाद नुक्कड़ पर बाएं मुड़ें। वहां से दाईं तरफ़ वाला तीसरा मकान हमारा है।

कुसुम — शादी के दिन खूब रोशनी और बाजा-गाजा भी तो होगा?

रागिनी — जी हां, आपको मकान ढूंढना नहीं पड़ेगा। ज़रूर आइएगा।

कुसुम — निमंत्रण के लिए धन्यवाद। मैं ज़रूर आऊंगी।

मई	(nf.) May
खुशी से	gladly
खास	special
उत्तर	(nm.) north
कोई पांच सौ गज़	'some 500 yards'
गज़	(nm.) a yard (measurement)
नुक्कड़	(nm.) corner
रोशनी	(nf.) light, illumination
बाजा-गाजा	(nm.) band, fanfare
ढूंढना	to search for, look for
निमंत्ररा	(nm.) invitation

HOMEWORK ASSIGNMENTS

I. Translate the conversation into idiomatic English.

II. हिंदी में जवाब दीजिए:–

1. यह कहानी किसने लिखी है?
2. कहानी में तीन पात्र हैं। इनके नाम क्या हैं? एक-एक वाक्य में तीनों पात्रों का वर्णन कीजिए। (X का वर्णन करना=to describe X)
3. कहानी के पात्रों के अलावा हम और तीन लोगों के नाम सुनते हैं। ये तीन नाम क्या हैं? उन लोगों के बारे में भी कहिए।
4. बंटी के ख्याल में क्या टीटू की अम्मा को मीठा-मीठा बोलने की आदत है?
5. क्या टीटू की अम्मा इसके पहले कभी बंटी की मम्मी से मिलने आई?
6. बंटी की मम्मी का चेहरा लाल क्यों हो गया?
7. आपके ख्याल में (in your opinion) क्या टीटू की अम्मा कभी दूसरे लोगों के घरों में ताक-झांक नहीं करती हैं?
8. अन्त में बंटी क्यों नहीं बैठना चाहता है?

III. Translate into Hindi:

1. Has Titu's mother come to give congratulations?
2. Why didn't Titu come to play with Banti?
3. I'm thinking of going home right now.
4. If she hasn't found out about that business, then don't say anything.
5. Looking at Banti, his mother asked, "What's the matter? Why are you sitting so quietly today?"

6. The neighbor woman said to her kids, "Just look at Banti. He's such a good boy."

7. In Rajendra Yadav's book Saaraa Aakaash the hero (Eng.) doesn't have the courage even to speak to his wife on their wedding night. (wedding night सुहाग रात)

8. I think Kamla went to buy some sweets for tomorrow.

9. All the kids in the neighborhood go to eat supper at 5:45 pm.

10. You should come visit me sometimes. We're neighbours after all. Don't you ever have any free time?

11. My son reads for an hour to an hour and a half every evening.

12. Are you (familiar) feeling all right? You're sitting there so quietly.

13. I didn't have the courage to tell Suresh that I wouldn't meet him today.

14. You (familiar) go tell your mother to make some tea, and I'll quickly bring some sweets and fruit from the bazaar.

15. Oh, no thanks. I ate before I came. (Having eaten, I came). But I'll take a cup of tea.

LESSON EIGHT: आठवाँ पाठ

ट्रैफ़िक के नियम

('स्पुतनिक' से)

उसने महिला की कार रोकी, और चुस्ती से सलाम बजाकर, उसका ड्राइविंग लाइसेंस मांगा।

"क्यों?" वह पूछने लगी।

"आपने ट्रैफ़िक का नियम तोड़ा है।"

"कौन कहता है?"

"मैंने खुद अपनी आंखों देखा है। मेहरबानी करके अपना लाइसेंस मुझे दीजिये। मैं तब तक खड़ा रहूंगा।"

"क्यों, अपना लाइसेंस मैं किसी अजनबी को क्यों दूं?"

"मैं ट्रैफ़िक-अधिकारी हूं। मुझे आपका लाइसेंस जांचने का हक है।"

"मैं कैसे मान लूं कि आप ट्रैफ़िक-अधिकारी हैं?"

"देख नहीं रही हैं आप मेरी वर्दी?"

"मगर वर्दी गलत भी हो सकती है।"

"ऐसा है, तो मैं अपना आइडेंटिटी कार्ड दिखा सकता हूं।"

"वह दूसरी बात है। लाइये, देखूं तो आपका कार्ड।........मगर आपका फोटो आपसे क्यों नहीं मिलता?"

"यह फ़ोटो आज का नहीं है। फ़ोटो में मैंने टोपी नहीं पहनी है।"

"तो टोपी उतारिये, और ज़रा सीधे तो खड़े होइये। अब इधर मुड़िये। हां, शक्ल में समानता है तो सही। क्या फोटो बहुत पहले का है?"

"हां, सात साल पहले का।"

"सो तो दिखाई दे रहा है। हां, जवानी में आप ज्यादा अच्छे दिखते थे।"

"बस जी, बहुत हो गया। अब मेरा कार्ड वापस कीजिये।"

"उत्तेजित क्यों हो रहे हैं आप? अगर आपका कार्ड जाली नहीं है, तो आपका कोई कुछ नहीं बिगाड़ सकता।"

"मेरा वक्त आप बरबाद कर रही हैं। मैं ड्यूटी पर हूं।"

"तो आप समझते हैं, मेरे पास ही बरबाद करने का वक्त है? अभी मैं सीधे बाजार जा रही हूं। वहां से मुझे दर्ज़ी के यहां जाना है। उसके बाद मुझे अपनी बीमार मौसी के यहां जाना है। अपने पति को फ़ोन करना है, और......"

"मेहरबानी करके मेरा कार्ड वापस कर दीजिये। देखिये पीछे कारों की कितनी लम्बी कतार लग गयी है आपकी वजह से।"

"मेरी वजह से? मैंने थोड़े ही आपको रोका था। आपने ही मुझे रोका था।"

"ठीक है, महाशया, ठीक है। अब मेरा कार्ड लौटा दीजिये। अब मैं आपको नहीं रोकूंगा।"

"हां, अब आये आप रास्ते पर। लीजिए अपना कार्ड। और आइंदा ट्रैफ़िक के नियम मत तोड़ियेगा।"

ट्रैफ़िक के नियम

नियम	(nm) rule
महिला	(nf) lady, woman

रोकना	to stop (trans.)
चुस्ती से	quickly, smartly
सलाम बजाना	to make a salam, to salute
मांगना	to ask for
X करने लगना	to begin to do X
तोड़ना	to break (trans.)
खुद	by oneself
आंख	(nf.) eye
मैंने अपनी आंखों देखा है	= मैंने अपनी आंखों से देखा है
मेहरबानी करके	'please'
मैं तब तक खड़ा रहूंगा	'I will keep standing till then.'
अजनबी	stranger
अधिकारी	officer
जांचना	to inspect
हक	(nm.) right
X को Y करने का हक होना	for X to have the right to do Y
वर्दी	(nf.) uniform
गलत	fake
हो सकती है	'could be'
ऐसा है	'If that's what you're thinking.....'
फोटो X से मिलना	for a photo to resemble X
टोपी	(nf.) hat
पहनना	to wear
उतारना	to take off
ज़रा	a bit
सीधे	straight
खड़ा होना	to stand up
इधर	in this direction
मुड़ना	to turn (intrans.)
शक्ल	(nf.) appearance, face
समानता	(nf.) likeness, similarity
सही	really
सो	so
दिखाई देना	to appear, to seem
जवानी	(nf.) youth
दिखना	to appear, to look (intrans.)
वापस करना	to return (trans.), to give back
उत्तेजित	excited, upset
जाली	false, fake

बिगाड़ना	to spoil, to harm
आपका कोई कुछ नहीं बिगाड़ सकता	'You've got nothing to worry about.' (lit: nobody can harm anything of yours)
वक्त बरबाद करना	to waste time (trans.)
दर्ज़ी	(nm.) tailor
मौसी	(nf.) mother's sister, aunt
कतार	(nf.) line
X की कतार लग जाना	for X's to be lined up
X की वजह से	because of X
थोड़े ही	'hardly!'
महाशया	madam
लौटाना	to return (trans.)
अब आये आप रास्ते पर	'Now you're on the right track.'
आइंदा	'in the future'

EXERCISES

A. ORAL QUESTIONS

महिला की कार किसने रोकी?

गाड़ी कौन चला रहा था?

ट्रैफ़िक अधिकारी ने महिला को क्यों रोका?

महिला ने क्या गलती की?

किसने देखा?

ट्रैफ़िक अधिकारी कितनी बार ड्राइविंग लाइसेंस मांगता है?

ट्रैफ़िक अधिकारी को किस चीज़ को जांचने का हक है?

क्या महिला मान लेती है कि वह ट्रैफ़िक अधिकारी है?

वर्दी किसने पहनी है?

क्या महिला ने भी वर्दी पहनी है?

ट्रैफ़िक अधिकारी ने कौन सी वर्दी पहनी है?

उसकी वर्दी किस रंग की है?

क्या ट्रैफ़िक अधिकारी की वर्दी गलत हो सकती है?

क्या उसकी वर्दी गलत है?

ट्रैफ़िक अधिकारी कहता है—''मैं अपना आइडेंटिटी कार्ड दिखा सकता हूं।''—तो फिर महिला उसका कार्ड ले लेती है क्या?

फ़ोटो उससे मिलता है क्या?

फ़ोटो नया है, या पुराना?

फ़ोटो कबका है?

फ़ोटो में उसने टोपी पहनी है क्या?

फ़ोटो किसका है?

फ़ोटो कौन देख रहा है?
क्या ट्रैफ़िक अधिकारी जवानी में ज्यादा अच्छे दिखते थे?
क्या ट्रैफ़िक अधिकारी का आइडेंटिटी कार्ड जाली है?
क्या आपका ड्राइविंग लाइसेंस जाली है?
कया महिला ट्रैफ़िक अधिकारी का वक्त बरबाद कर रही है?
ड्यूटी पर कौन है?

B. ORAL EXERCISES

1. मेरी सहेली को____________________की हिम्मत नहीं है।

to walk in the garden
to walk in the garden at night
to walk in the garden alone at night
to talk with the tailor
to take a picture
to take a picture of her boy friend
to look in the direction of the teacher

2. उस लड़के को____________________की आदत नहीं होनी चाहिए।

asking for money
asking for sweets
breaking glasses
standing here
standing here in front of our house
wasting time
wasting his own time
wasting my time
wasting all of our time

3. ____________________की वजह से मैं देर से घर पहुंचा।

because of you (fam.)
because of you (pol.)
because of him
because of her
because of a fake identity card
because of a fake driver's license
because of a huge crowd
because of the rain

4. पिछले हफ़्ते से ____________________**रोज़ मेरे घर आने लगी।**

that little girl
that littlish girl
my neighbor
all my neighbors

my (fem.) girl friend
my (mas.) friend
the traffic officer
the tailor

5. इतवार से वह छोटी-सी लड़की_____लगी है।

to come to my house
to wear new clothes
to break cups
to break too many cups
to ask for too much
to return my books
to return books to the library
to stop me
to stop me from going to school
to stop me from doing my homework
to stop me from reading

6. मुझे_____का हक है।

to go out (leave)
to leave early
to leave school early
to wear a hat
to wear a uniform
to ask for your license

7. तुम्हारी यह तस्वीर_____से मिलती है।

with your brother
with both of your brothers
with all three of your brothers
with your father
with your father and his father too
with that (very) brother
with that brother also
with any of your brothers
only with that brother
even so _____ with your brother

C. CONVERSATION

उषा   — यह तस्वीर किसकी है?
शीला   — मेरी एक सहेली की।
उषा   — इसकी शक्ल तुमसे मिलती है।
शीला   — अच्छा? मैंने कभी सोचा भी नहीं था।

उषा	—	तुम मुझे अपनी एक तस्वीर दोगी?
शीला	—	ज़रूर। ये रहे कुछ फ़ोटो। तुम्हें जो पसंद हो, ले लो।
उषा	—	नहीं, तुम जो देना चाहो, दे दो।
शीला	—	संकोच न करो। तुम्हें मेरी कोई भी तस्वीर लेने का हक है।
उषा	—	यह तस्वीर कबकी है? कहां ली थी?
शीला	—	कोई तीन साल पहले की। कुतुब मीनार के बाहर बगीचे में मेरी सहेली ने ली थी। उस दिन कुतुब में हर जगह भीड़ थी, हर जगह लंबी कतारें लगी थीं। तुम उधर गई हो?
उषा	—	हां। जिस दिन मैं गई थी, उस दिन सब जगह शांति थी।
शीला	—	आइन्दा कभी जाना हो, तो मुझे बताना। हम साथ चलेंगे।

तस्वीर	(nf.) picture
सहेली	(nf.) girl friend (of a girl)
संकोच करना	to hesitate
कोई तीन साल पहले की	'It's from some 3 years ago.'
कुतुब मीनार	The Qutab Minar, (a victory tower south of Delhi)
बगीचा	(nm.) garden
भीड़	(nf.) a crowd, mob
शांति	(nf.) peace, quiet
आइन्दा कभी जाना हो	'If you ever have to go in the future....'
(अगर आपको आइन्दा कभी जाना हो)	
आइन्दा	in future

की वजह से AND के कारण

Both X की वजह से and X के कारण mean 'on account of X', 'because of X'. They are used interchangeably (except that की वजह से is used more often by Urdu speakers and के कारण by Hindi speakers) and in very much the same way. They are used after nouns or after infinitives (which behave like -आ-ending nouns):

परीक्षा के कारण मैं आपकी पार्टी में नहीं आ सकूँगा।

On account of the exam I won't be able to come to your party.

आपकी वजह से बहुत लंबी कतार लग गई है।

Because of you, a very long line has built up.

पड़ोसिन के आ जाने के कारण बंटी ने अपना होमवर्क नहीं किया।

(के कारण या की वजह से)

Because of the neighbor woman's coming, Banti didn't get his homework done.

Both phrases derive their meaning from the nouns in them, वजह (f.) and कारण (m.) 'cause, reason'. These are used in the nominative to mean 'the reason (for something) is/was that......':

बंटी ने अपना होमवर्क नहीं किया। उसकी वजह यह थी.....

Banti didn't get his homework done. The reason for that was that.....

उत्तर देने में देर हुई। उसका कारण यह था.....

There occurred a delay in replying. The reason for that was that.....

Note that whereas in English we say 'the reason *for* X', in Hindi the genitive is used:

X का कारण

X की वजह

When one wants to say, 'on account of X, Y', or 'because of X, Y', the cause or reason word is no longer in subject position, but turns up as an oblique noun phrase. The full phrases for these are:

X की वजह से and X के कारण 'on account of X'/'because of Y'

The से in की वजह से is obligatory and can't be dropped. From the के in के कारण we assume this to be followed by an understood postposition, and hence the का changes to के; but this postposition never appears, i.e. it is obligatorily deleted. When the reason given for something is a verb (V-ing in English), the verb appears as an inflected infinitive (the -ना having changed to -ने because of the following postposition), and the agent appears in the possessive, just like in English:

पड़ोसिन आ गई। "The neighbor woman came."

पड़ोसिन के आ जाने के कारण "On account of the neighbor woman's coming."

Translate these sentences into Hindi:

1. On account of the rain, we stayed inside and talked some more.
2. Because of his letter, I couldn't sleep.
3. Because of getting sick, Radhika (राधिका) went home.
4. On account of his swimming lesson, he couldn't go to the movie.
5. We began to talk. On account of this, I was late in getting to the office.
6. Because of their complaints, we decided to do something else.
7. Because of their coming late, we didn't finish all the work.
8. On account of our not having any coffee, we drank tea.
9. On account of that idiot, we never get any work done.
10. On account of living in America, we don't get a chance to speak Hindi.

Vocab.

Verbs		**Nouns**	
तैरना	to swim	अवसर, मौक़ा	opportunity, chance (m.)
V ना शुरू करना	to begin		
V-ने लगना	to V, to begin V-ing	निश्चय, फैसला	decision (m.)

57

X को देर होना	for X to be late (lit., for delay to happen to X)	देर	delay (f.)
X का फैसला करना	to decide to S		
		बेवक़ूफ़	idiot (m.)
		शिकायत	complaint

Adv.

देर से — late

D. HOWEWORK ASSIGNMENTS

I. Translate the conversation into idiomatic English.

II. हिंदी में जवाब लिखिए:—

1. ट्रैफ़िक अधिकारी कब तक खड़ा रहेगा?
2. जब ट्रैफ़िक अधिकारी ने दुबारा ड्राइविंग लाइसेंस मांगा, तो फिर महिला ने क्या जवाब दिया?
3. महिला ने ट्रैफ़िक का कौन सा नियम तोड़ा है?
4. अगर ट्रैफ़िक अधिकारी का आइडेंटिटी कार्ड जाली नहीं है, तो वह उत्तेजित क्यों हो रहा है?
5. क्या महिला ट्रैफ़िक अधिकारी का आइडेंटिटी कार्ड अपने पास रखना चाहती है?
6. क्या महिला ट्रैफ़िक अधिकारी से डरती है?
7. आपके ख्याल में कौन किसका वक्त बरबाद कर रहा है?
8. आपके ख्याल में दर्ज़ी के यहां महिला को क्या करना है?
9. कहानी में क्या महिला ने कभी ट्रैफ़िक अधिकारी को अपना ड्राइविंग लाइसेंस दिखाया?
10. ट्रैफ़िक अधिकारी ने कितनी बार अपना आइडेंटिटी कार्ड मांगा?
11. कारों की कतार किसकी वजह से लग गयी है?
12. इस कहानी की महिला बेवकूफ है, या वह जान-बूझ कर ट्रैफिक अधिकारी को बेवकूफ बना रही है?

डरना	to fear, be afraid of
बेवकूफ	fool
किसीको बेवकूफ बनाना	to make a fool of someone
जान-बूझकर	on purpose

III. Translate into Hindi:

1. I don't know what to say, it might be that by 4:45 they will get out of the meeting.
2. The tailor ruined my new red blouse. Should I show you? Now I'll certainly agree that he's no good.
3. Come on in. I'm so glad you got here all right. Please take off your coat and have a seat.
4. This morning a goat (बकरी (f)) broke into our garden and ate all our cauliflower (गोभी (f)).
5. Please don't hesitate. Eat as much as you like. That's what I made it for.
6. She was startled when all the children burst into the room wearing strangeish clothes.
7. When the little boy broke the glass, the milk began spreading over the floor (फ़र्श).
8. On my street there's very little light at night. The house numbers aren't visible at all.

LESSON NINE: नौवाँ पाठ

रंग-रंगीला लद्दाख

लद्दाख की धरती वर्ष के अधिकांश समय बर्फ़ से ढकी रहती है। फिर भी उसे रंगीन कहना गलत नहीं। यहां के चेहरे रंगीन हैं, पहनावा रंगीन है, लोगों के दिल रंगीन हैं, और पूरा जीवन ही रंगीन है। नवंबर-दिसंबर से मार्च-अप्रैल तक खूब बर्फ़ गिरती है। लगता है, खेतों और मैदानों में एक सफ़ेद, दुधिया चादर बिछी हो। जीवन की गति मंद पड़ जाती है। लोग अच्छे मौसम और मेलों की बाट देखते हैं। उसका प्रारंभ होता है लौसर से।

लौसर बौद्धों का वर्ष में सबसे बड़ा त्यौहार है। यह एक प्रकार से बौद्धों की दीपावली है। त्यौहार फरवरी मे दस-बारह दिनों तक मनाया जाता है। घरों में कई तरह के पकवान बनाए जाते हैं। अपने-अपने मित्रों व रिश्तेदारों को दावतें दी जाती हैं। मुसलमान भी बौद्धों के घरों में समान रूप से श्रद्धा एवं प्रेम-पूर्वक बधाई देने जाते हैं। कुछ दिनों बाद ईद का शुभ पर्व आता है। इस मौके पर बौद्ध लोग मुसलमानों के घरों में दावत खाने और मुबारक देने जाते हैं। लद्दाखी मुसलमान और बौद्ध आपस में शादी-ब्याह भी कर लेते हैं। औरत जब बौद्ध सें मुसलमान या मुसलमान से बौद्ध पति बदलती है तो उसके अनुसार केवल अपना नाम बदल लेती है।

रंग-रंगीला लद्दाख

रंगीला	colorful, gay
रंग-रंगीला	very colorful
लद्दाख	Laddakh, a part of Jammu and Kashmir State in India
धरती	(nf.) ground
अधिकांश	more than half, major portion
बर्फ़	(nf.) snow, ice
ढकना (ढंकना)	to cover
फिर भी	even so
रंगीन	colorful
गलत	wrong
चेहरा	(nm.) face
पहनावा	(nm.) dress, clothing, ways of dressing
दिल	(nm.) heart, soul
पूरा	whole
जीवन	(nm.) life, existence
खूब	a lot of
लगना	to appear, to seem

खेत	(nm.) cultivated field
मैदान	(nm.) uncultivated field, playing field
दुधिया	milk white
चादर	(nf.) sheet, bedspread
बिछना	to be spread
गति	(nf.) speed, movement, motion
मंद	slow
पड़ जाना	to become
मौसम	(nm.) season, weather
मेला	(nm.) fair, festival
बाट	(nf.) path
X की बाट देखना	to wait for X, (lit: to watch X's path)
प्रारंभ	(nm.) beginning
लौसर	the most important Buddhist festival in Laddakh
बौद्ध	(nm.) a Buddhist
त्यौहार	(nm.) festival
प्रकार	(nm.) kind, manner, way
एक प्रकार से	in a way
दीपावली/दीवाली	(nf.) Divali, a Hindu festival
मनाना	to celebrate
कई	several
तरह	(nf.) kind, sort
पकवान	(nm.) special dishes for festive occasions
व	and
रिश्तेदार	(nm.) relative
दावत	(nf.) feast
मुसलमान	(nm.) a Muslim
समान	equal, similar
रूप	(nm.) form, appearance
समान रूप से	equally
श्रद्धा	(nf.) faith, reverence
एवं = एवम्	and
प्रेमपूर्वक	with love
बधाई	(nf.) congratulations
ईद	(nf.) Id, a Muslim festival
शुभ	auspicious, good

पर्व	(nm.) festival
मौका	(nm.) occasion
मुबारक देना	to give greetings
लद्दाखी	of Laddakh
आपस में	among each other
शादी	(nf.) marriage, wedding
ब्याह	(nm.) marriage, wedding
बदलना	to change
उसके अनुसार	accordingly

NOTES:—

लद्दाख is the third province of the State of जम्मू-काश्मीर. The State is part of India, but the western part of काश्मीर and the north-eastern part of लद्दाख are under the occupation of Pakistan and China respectively. लद्दाख is predominantly Buddhist, but has a small muslim population also.

PASSIVIZATION

I. Formation

The passive voice in Hindi is formed by the following process:

a. The verb is in the simple past tense, e.g. खाया, पिया, सोया, दौड़ा, etc.

b. The passive marker is the verb जाना, which is inflected for aspect, tense, number, and gender.

c. The agent, if any, takes the postposition से.

d. The verb agrees with the direct object, if in the direct case. Otherwise, it appears in the neutral form, i.e., masculine singular.

Comparison of the following active/passive pairs illustrates this:

(1) Active: श्याम पत्र लिखता है।
    Passive: श्याम से पत्र लिखा जाता है।

(2) Active: बच्चे सो नहीं रहे हैं।
    Passive: बच्चों से सोया नहीं जा रहा है।

(3) Active: वह कल नहीं दौड़ेगा
    Passive: उससे कल दौड़ा नहीं जाएगा।

(4) Active: सीता ने दवा नहीं पी।
    Passive: सीता से दवा नहीं पी गई।

(5) Active: अब यहाँ से चलें।
    Passive: अब यहाँ से चला जाए।

61

II. Verbs that can be passivized

Notice that in Hindi, both transitive and intransitive verbs can be passivized. There are a few transitive verbs which have no passive counterpart, e.g., जानना, भूलना, etc. Intransitive verbs which take a non-volitional agent (such as गिरना, टूटना, etc.) do not have a passive counterpart.

III. Meaning of capability

The passive in Hindi, especially when an agent is mentioned, conveys the meaning of capability. For example,

(6) मुझसे चला जाएगा।
I will be able to walk.

(7) मुझसे अभी चिट्ठी नहीं लिखी जाएगी।
I will not be able to write the letter now.

A transitive passive without an agent is similar in meaning to the English passive:

(8) मकान बेच दिए गए।
The houses were sold (by someone).

(9) दरवाज़े बंद कर दिए गए।
The doors were closed (by someone).

(10) यहाँ अवधी बोली जाती है।
Avadhi is spoken here.

(11) इन दिनों वहाँ विदेशियों को परेशान किया जा रहा है।
These days, foreigners are being harassed there.

Sometimes, however, the meaning of capability is conveyed with a combination of the passive voice and the verb सकना:

(12) दो दिनों में इतने लोगों को खिलाने की तैयारी नहीं की जा सकेगी।
In two days, preparations/arrangements for feeding so many people can't be made.

(13) मकान इतना बड़ा है कि कई लोगों को आराम से ठहराया जा सकता है।
The house is so big that many people can be accommodated (there) comfortably.

IV. Compound verbs

Most compound verbs are simplified before passivization, e.g.

(14) Active: वह आ गया।
      He arrived.
      Passive: उससे आया नहीं गया।
      He could not come.

(15) Active: वह दूध पी लेता है।
      He drinks milk.
      Passive: उससे दूध नहीं पिया जाता।
      He is not able to drink milk.

Vocabulary

	Verbs		*Nouns*
ठहराना	-to accomodate (lit. to cause to stay)	तैयारी	-readiness, preparations (f.)
तैयारी करना	-to make preparations	परेशानी	-botheration, harassment (f.)
दौड़ना	-to run	विदेशी	-foreigner (m)
			Adj.
		परेशान	-bothered, harassed, troubled

EXERCISES

A. ORAL QUESTIONS

लद्दाख किस प्रदेश में है?
"पहनावा" का मतलब क्या है? हिंदी में कोई दूसरा शब्द बताइए।
लद्दाख की धरती कितनी देर तक बर्फ़ से ढकी रहती है?
बर्फ़ अक्सर किस रंग की होती है?
क्या लद्दाख की बर्फ़ भी रंगीन होती है?
लद्दाख में क्या-क्या रंगीन है?
"खूब" के लिए दूसरा शब्द क्या है?
बर्फ़ कब गिरने लगती है?
क्या असल में खेतों में एक चादर बिछी रहती है?
यह सफ़ेद चादर असल में क्या है?
जाड़ों में जीवन की गति मंद क्यों पड़ जाती है?
क्या जाड़े में आपके जीवन की गति भी मंद पड़ जाती है?
आपको बर्फ़ अच्छी लगती है क्या?
यहां पर बर्फ़ कितने महीनों तक गिरती है?
बौद्धों का सबसे बड़ा त्यौहार क्या है?
और हिंदुओं का?
और मुसलमानों का?
दीपावली किस महीने में होती है?
और लौसर?
और ईद?
दीवाली कब मनायी जाती है?
फरवरी में कौन-सा त्यौहार मनाया जाता है?
क्रिसमस कब मनाया जाता है? और ईस्टर?
नवंबर में अमरीका में कौन-सा त्यौहार मनाया जाता है?
दीवाली किस देश में मनायी जाती है?
थैंक्सगिविंग के दिन क्या-क्या पकवान बनाए जाते हैं?
ईद लौसर के पहले मनायी जाती है क्या?

B. ORAL EXERCISES

I. Change from active to passive:

लौसर फ़रवरी में मनाते हैं।

क्रिसमस दिसंबर में मनाते हैं।

क्रिसमस अमरीका में मनाते हैं।

मुसलमान लोग ईद मनाते हैं।

ईद कब मनाते हैं?

वे त्यौहार कैसे मनाते हैं?

वे त्यौहार कब मनाते हैं?

दीवाली कब मनाते हैं?

दीवाली नवंबर में मनाते हैं।

दीवाली कौन लोग मनाते हैं?

लौसर कौन मनाता है?

लद्दाख को रंगीन कहते हैं।

घरों में बहुत-से पकवान बनाते हैं।

घरों मे कई तरह के पकवान बनाते हैं।

लोग दावतें देते हैं।

लोग अपने रिश्तेदारों को दावतें देते हैं।

लोग अपने मित्रों और रिश्तेदारों को दावतें देते हैं।

अमरीका में कौन-से त्यौहार मनाते हैं।

क्रिसमस के पेड़ को सजाते हैं।

घरों में क्रिसमस के पेड़ को सजाते हैं।

लोग उपहार खरीदते हैं।

वे उपहार पेड़ के नीचे रखते हैं।

वे उपहार खोलते हैं।

क्रिसमस के दिन वे उपहार खोलते हैं।

उत्तर प्रदेश में लोग हिन्दी बोलते हैं।

उत्तर प्रदेश में अधिकांश लोग हिन्दी बोलते हैं।

बंगाल में लोग बंगला बोलते हैं।

महाराष्ट्र में लोग मराठी बोलते हैं।

महाराष्ट्र में अधिकांश लोग मराठी बोलते हैं।

II. SUBSTITUTE HINDI CONSTRUCTIONS:

1 अगर मुझे मौका मिले, तो_____

64

I'll see the festival
I'll go see the festival
I'll visit my relatives
I'll go to visit my relatives
I'll play in the snow
I'll celebrate Divali
I'll go to celebrate Divali
I'll go to celebrate Divali in India

2 कहा जाता है, कि_____

Divali is a big festival
Divali is an important festival
Divali is a festival of lights
there are great crowds at festivals
sometimes there are tableaus at festivals
Navratri is a festival to Devi
there are tableaus of Devi in Banaras
there are tableaus of Devi in Banaras at Navratri
in Banaras the people worship Devi
in Banaras the people worship Devi at Navratri

3 हम लोग_____भारत में रहेंगे। .

for only one hour	for 2 weeks
for only one day	for 1 1/2 months
for only one month	for 5 months
for one full day	for 2 1/2 years
for one full hour	for 18 months
for one full year	until May
for 3 days	until you come
for 15 days	until the rainy season

4 सब बच्चे_____की बाट देख रहे थे।

the festival
the festival at Allahabad
the Magh festival at Allahabad
the Ram Lila
the tableaus of the Ram Lila
the tableaus of Ram
the tableaus of Ram, Sita and Hanuman
the tableaus of Krishna
the tableaus of Krishna's birth

5 तीनों लड़कियां आपस में_____

were talking
were talking a lot
were discussing the whole day
were discussing their relatives

were discussing their whole lives
were discussing their weddings, etc.
were having a special conversation
were having a strange conversation
were hardly talking
were talking happily
were talking about several kinds of things
were talking about several people
were talking about affairs of the heart
were discussing that boy's strange smile

C. CONVERSATION

सुषमा – अमेरिका में कौन-कौन-से त्यौहार मनाए जाते हैं?
शोभा – क्रिसमस, ईस्टर, थैंक्सगिविंग – ये मुख्य त्यौहार हैं।
सुषमा – क्या यहां सभी त्यौहारों पर स्कूल-कालेजों में छुट्टी होती है?
शोभा – जी हां। क्रिसमस पर लंबी छुट्टी होती है। ईस्टर और थैंक्सगिविंग के लिए एक-दो दिनों की छुट्टी होती है।
सुषमा – क्रिसमस यहां कैसे मनाते हैं?
शोभा – घरों में क्रिसमस का पेड़ सजाया जाता है। परिवार के सब लोग एक-दूसरे के लिए उपहार खरीदते हैं। सब उपहार पेड़ के नीचे सजाकर रख दिए जाते हैं। क्रिसमस के पहले-वाली रात को और क्रिसमस के दिन दोपहर को खूब पकवान बनते हैं। परिवार के सब लोग इकटठे खाना खाते हैं।
सुषमा – तब तो बड़ी रौनक रहती होगी।
शोभा – जी हां, क्रिसमस की सुबह सब लोग अपने उपहार खोल-खोलकर देखते हैं। खास कर बच्चे बहुत खुश होते हैं।
सुषमा – उस दिन खास पूजा वगैरह भी होती है?
शोभा – जी हां, कुछ लोग क्रिसमस ईव पर और क्रिसमस की सुबह भी गिरजे जाते हैं। कई लोग ईसा के जन्म की झांकियां सजाते हैं।
सुषमा – गिरजों में तो झांकियां ज़रूर सजती होंगी?
शोभा – जी हाँ

कौन-कौन-से	which, (the repetition of कौन is asking for a list as an answer)
मुख्य	main
एक-दो	one or two
सजाना	to decorate, to arrange
एक-दूसरे	one another
उपहार	(nm.) present, gift
रौनक	(nf.) gaiety, splendor
खास कर	especially
वगैरह	etc.
पूजा	(nf.) worship

गिरजा	(nm.) church
ईसा	(nm.) Jesus
जन्म	(nf.) birth
झांकी	(nf.) tableau
सजना	to be decorated, arranged

D. HOMEWORK ASSIGNMENTS

I.   Translate the dialogue into idiomatic English.

II. Translate in to Hindi:

In the morning Ram and Lakshman went to look for flowers for puja. They began to pick (तोड़ना) flowers in the king's beautiful garden, in which there were several kinds of trees and many colorful flowers.

At that very moment Sita arrived there with many beautiful girl friends. Her mother had sent her to worship Parvati. In the garden was Parvati's temple (मन्दिर), which is so beautiful that it cannot be described (वर्णन करना). Having gone into the temple, Sita worshipped Parvati. Just then one girl friend, having gone out of the temple, went to look at the flowers. Having gone there, she saw the two brothers. Quickly she returned to Sita. On her face was a strange sort of smile. All the girls began to ask her, "What is it? Tell us." She said, "Two princes (राजकुमार) have come to see the garden. They are in all ways handsome (सुन्दर)." Having heard this, and understanding the thought in Sita's heart, the girls became very happy. Then, one girl began to say, "This is that very same prince about whom there was talk today." Hearing this, Sita began to look in all four directions.

Just then, having heard the sound (शब्द) of Sita's anklets (पायल), turning, Ram looked straight in the direction of Sita. He wasn't able to say anything. (Nothing was said by him.) For a second they both stood there like that, looking at each other. Then, having brought Ram into her heart by the path of her eyes, Sita closed her eyes. What can be said further? The girls grabbed (पकड़ना) her by the hand and began to say, "It's getting late."

पूजा (f) करना to worship

III. Answer the following questions in Hindi:

1. अगर लद्दाख की धरती वर्ष के अधिकांश समय बर्फ़ से ढकी रहती है, तो फिर आप के विचार में वहां के लोग पैसे कैसे कमाते होंगे? (कमाना = to earn) या वे क्या खाते होंगे?
2. लद्दाख के अधिकांश लोग किस धर्म (religion) के हैं?
3. इस कहानी में लद्दाख का जीवन रंगीन क्यों कहा गया है?
4. आप के ख्याल में अमरीका में जीवन की गति ठंड से मंद पड़ जाती है या गर्मी से? क्यों?
5. जब आप छोटे थे, तो आप अच्छे मौसम की बाट देखते रहते थे या बर्फ़ गिरने की?

LESSON TEN: दसवाँ पाठ

प्रवास की डायरी

बच्चन   12-13 अप्रैल, 1952

5 बजे आंख खुली। आज प्रस्थान का दिन था। उठते ही बुख़ार लिया। नार्मल से भी कम था, पर कमज़ोरी बहुत मालूम हो रही थी। तेजी भी जगीं। यही निर्णय हुआ कि आज ही रवाना होना चाहिए। न जाने से आगे का सारा प्रबन्ध गड़बड़ हो जाएगा। सामान पहले से ही बंधा था। मुझे कुछ कागज़ अलग करने थे। बिस्तर पर लेटे-ही-लेटे मैंने उन्हें छांटा। नाश्ते में मैंने केवल दूध लिया। घर से चलने का समय निकट आने लगा। तेजी की आंखें रह-रहकर भर आती थीं। मेरे बाहर जाने में प्रेरणा-प्रोत्साहन सब कुछ उन्हीं का था, पर जाने के समय उन्होंने अपना अकेलापन अनुभव करना आरम्भ किया। मेरे मन में भी पहले तो विदेश जाने का बहुत उत्साह था, पर जाते समय यह उत्साह न जाने कहां चला गया। एक तो हफ़्ते-भर की बीमारी, दूसरे, मुझे भी बराबर तेजी और बच्चों का ध्यान आने लगा। अपने इन प्रिय जनों को छोड़कर कहां जा रहा हूं! पर नियति का संकेत हो चुका था। मैं परवश था। मेरे नक्षत्र मुझे कहीं खींचे लिये जा रहे थे।

हवाई अड्डे पर मुझे दो फ़ार्म भरने पड़े—एक स्वास्थ्य के सम्बन्ध में था, और दूसरा कस्टम के सम्बन्ध में। बक्सों का चार्ज तो हवाई-जहाज़वालों ने ले लिया, मेरे हाथ में दो बैग और ओवर-कोट रह गए। हम बैठे ही थे कि कलकत्ते से जहाज़ आ गया। इसी से मुझे जाना था। थोड़ी देर बाद लाउड-स्पीकर पर कहा गया कि यात्रियों को कस्टम के लिए भीतर आ जाना चाहिए। तेजी से विदा ली। वे कहने लगीं, "प्रयाग में कितने फूलों के साथ तुम्हारी विदाई हुई थी, यहां मैं कुछ भी नहीं लाई।" उन्होंने देखा, औरों को विदा देने के लिए लोग फूल-मालाएं लाए हैं। उनके आंसू नहीं थम रहे थे, और मेरा मन भीतर एक-एक बूंद के सागर में जैसे डूबा जा रहा था। कमज़ोरी दिखलाना मैंने उचित न समझा। दिल कड़ा करके उनसे विदा ली। यशोविमलानन्द आ गए थे। उनसे मैंने कहा कि तेजी को शाम को इलाहाबाद जाने के लिए कलकत्ता मेल में सवार करा दें। बीच में लकड़ी का कटघरा—उस पार तेजी, इस पार मैं। इतना सुना, "कैरो से भी पत्र लिख सकते हो, ज़रूर लिखना।" इतने में उमेश माथुर मिलने को आ गए। मैंने तेजी को इस ओर बुलवाया, क्योंकि मैंने देखा कि और लोग भी मिलने को इधर आ गए थे, पर तभी हवाई-जहाज़ से संकेत किया गया और मैं बग़ैर उनकी प्रतीक्षा किए जहाज़ के पास चला आया। दूर से वे हाथ हिला रही थीं। मैंने भी सीढ़ी पर से हाथ हिलाया और फिर भीतर चला गया।

ऊपर उठते ही बम्बई आंखों से ओझल हो गई, और हमारा जहाज़ समुद्र पर उड़ने लगा। नीचे देखने को भी क्या था—सिर्फ़ नीला समुद्र। कहीं-कहीं सफ़ेद बादल के टुकड़े दिखाई देते थे। पेरिस हम हिन्दुस्तान के समय से 10 बजे पहुंचे। वहां हमें लगभग दो घंटे रुकना पड़ा। सुबह होने लगी थी। सूर्योदय हमने वहीं से देखा।

पेरिस से हम बारह बजे रवाना हुए। ऊपर से पेरिस कितना घना, क़ायदे से बसा, कितना सुन्दर लग रहा था। घंटे भर के बाद हम इंग्लैंड के ऊपर आ गए। इंग्लैंड में बादल छाए हुए थे और हमारा जहाज़ बड़ी देर तक बादलों के ऊपर उड़ता रहा - सफ़ेद बादलों के - जैसे नीचे बर्फ़ जमी हुई हो। अपनी तमाम यात्रा में इतने सफ़ेद बादलों की सतह पर से हमारा जहाज़ नहीं गुज़रा था। रात की बात नहीं जानता। दूर एक और जहाज़ समानांतर उड़ रहा था। उतरने में काफ़ी समय लगा। पर बादलों को भेदकर जब जहाज़ नीचे आया, तो ज़मीन पर पहुंचने में कोई दिक़्क़त नहीं हुई।

जहाज़ से उतरने पर हम लोग एक कमरे में लाए गए। यहीं मुझे मार्जरी बोल्टन और त्रिनयन कुमार के सन्देश मिले - वे विक्टोरिया टरमिनल पर मेरी प्रतीक्षा कर रहे हैं। समाचार से दिल को तसल्ली हुई कि लंदन में राह दिखाने-वाला कोई है, और अजनबी की तरह भटकना नहीं पड़ेगा।

प्रवास की डायरी

प्रवास	(nm.) dwelling abroad, foreign residence
आंख	(nf.) eye
खुलना	to open (intrans.)
प्रस्थान	(nm.) departure, setting out
उठते ही	'right upon getting up, just as I got up'
बुखार	(nm.) fever
बुख़ार लेना	to take one's temperature
कमज़ोरी	(nf.) weakness
(मुझे) कमज़ोरी मालूम हो रही थी	'I felt very weak.'
तेजी	(name of narrator's wife)
जगना	to wake up
निर्णय होना	to be decided
रवाना होना	to depart, to set out
आगे का	in/of the future
सारा	entire, all
प्रबन्ध	(nm.) arrangements
गड़बड़	(nf.) confusion
गड़बड़ हो जाना	to become confused/messed up
सामान	(nm.) luggage, baggage
पहले से	earlier, already
बंधना	to be tied up, to be fastened
अलग	separate
अलग करना	to separate
बिस्तर	(nm.) bedding, bed
लेटे ही लेटे	'while lying down'
छांटना	to select, sort out
निकट	near
रह-रहकर	repeatedly, over and over again
भर आना	to fill up
प्रेरणा	(nf.) inspiration
प्रोत्साहन	(nm.) encouragement
अकेलापन	(nm.) loneliness
अनुभव करना	to feel, to experience

आरम्भ करना	to begin
विदेश	(nm.) a foreign land
उत्साह	(nm.) enthusiasm
जाते समय	at the time of departure
न जाने	'I don't know. Who knows?'
एक तो . . . दूसरे	on the one hand . . . . . on the other hand
हफ़्ते-भर	a full week
बीमारी	(nf.) illness
बराबर	continuously
ध्यान	(nm.) thought
X का ध्यान आना	to think of X
प्रिय	dear
जन	(nm.) people
छोड़ना	to leave behind
नियति	(nf.) destiny, fate, luck
संकेत	(nm.) sign, signal, indication
चुकना	to be finished, completed
पर नियति का संकेत हो चुका था	'But the sign of destiny had already been made.'
परवश	under another's control
नक्षत्र	(nm.) constellation, stars (in astrology)
खींचना	to pull, to drag
मेरे नक्षत्र मुझे कहीं खींचे लिए जा रहे थे	'My destiny was drawing me off somewhere.'
हवाई-अड्डा	(nm.) airport
फ़ार्म	(nm.) (Eng.) form
भरना	to fill out
स्वास्थ्य	(nm.) health
सम्बन्ध	(nm.) relationship
X के सम्बन्ध में	in connection with X, relating to X
बक्स	(nm.) a box
बक्सों का चार्ज . . . ने ले लिया	'The airport workers took charge of the boxes.'
हम बैठे ही थे कि . . .	'We had just sat down, when. . .'
जहाज़	(nm.) airplane
यात्री	(nm.) traveller, passenger
भीतर	inside
विदा	(nf.) farewell, taking leave
विदा लेना	to take leave, to say goodby
प्रयाग	Prayag (another name for Allahabad)
विदाई	(nf.) farewell, sending off, departure
औरों को	for/of the other people

विदा देना		to say goodby, to see someone off
फूल-माला		(nf.) flower lei, flower garland
आंसू		(nm.) tear
थमना		to be stopped
कमज़ोरी		(nf.) weakness
यशोविमलानंद		(a name)
सवार करना		to make someone board a train, boat etc.
बग़ैर		without
बग़ैर X + (verb in past ppl obl)	=	without doing X
ex. बग़ैर वहां गए		'without going there'
बग़ैर उनकी प्रतीक्षा किए		'without waiting for her'
प्रतीक्षा करना		to wait for
हिलाना		to wave
सीढ़ी		(nf.) stairs
सीढ़ी पर से		'from on the stairs'
ऊपर उठते ही		'upon getting up/as soon as we got up in the air'
ओझल		out of sight
समुद्र		(nm.) ocean, sea
उड़ना		to fly
देखने को		worth seeing
क्या था		'What was there?' (i.e. there was nothing)
कहीं-कहीं		here and there
बादल		(nm.) cloud
टुकड़ा		(nm.) piece
दिखाई देना		to be visible
सूर्योदय		(nm.) sunrise
ऊपर		above
घना		dense, compact
क़ायदा		(nm.) rule, practice
बसना		to settle, to stay, to live
क़ायदे से बसा		'laid out according to plan'
लगना		to appear, to seem
घंटा भर		a full hour
छाना		to cover, shadow, overspread
उड़ता रहना		to keep on flying
सफ़ेद बादलों के	=	सफ़ेद बादलों के ऊपर उड़ता रहा
जैसे		as if
बर्फ़		(nf.) snow, ice
जमना		to freeze, solidify, settle

तमाम	whole, entire
सतह	(nf.) surface, level
गुज़रना	to pass, to cross over
समानांतर	parallel
उतरना	to descend
भेदना	to break thru, to come thru
पहुंचने में	'in reaching'
दिक़्क़त	(nf.) difficulty
कोई दिक़्क़त नहीं हुई	'There was no difficulty.'
मार्जरी बोल्टन	(a name)
त्रिनयन कुमार	(a name)
सन्देश	(nm.) a message
दिल	(nm.) heart
तसल्ली	(nf.) consolation
राह	(nf.) way, path
राह दिखाने-वाला	someone to show the way, guide
कोई	someone
अजनबी	(nm.) stranger
भटकना	to wander about aimlessly

['बच्चन' = full name हरिवंश राय 'बच्चन', a well-known poet of Hindi. He was a professor of English at Allahabad University and went to cambridge Univ, England for his Ph.D. His thesis was on W.B. Yeats.]

बिना AND बग़ैर

Directions: Using the following as patterns, construct sentences with बिना and बग़ैर with different verb forms, expressing your likes and dislikes, or with other appropriate contexts. Try to fit the sentences together to make a connected text. Translate the examples given here into idiomatic English.

(1) पिछले हफ्ते एक रात को किम और मैं फोन पर बातचीत कर रही थीं। मैंने कहा, 'मुझे लगता है कि बच्चन जी का वह पाठ विद्यार्थियों के लिए काफी कठिन है। उदाहरण के लिए, दूसरे पन्ने पर **बग़ैर** शब्द आता है। विद्यार्थी यह शब्द नहीं जानते। और मेरे ख्याल से वे **बिना** शब्द भी नहीं जानते।'
यह सुनकर किम को बहुत आश्चर्य हुआ। बोली, '**बिना** शब्द के बिना काम चलेगा?' फिर बोली, 'यह तो pun था।' और हम दोनों हंस पड़ीं।

(2) a: मैं आपकी चाय में चीनी डाल दूँ?
b: जी नहीं, आजकल चीनी के बिना ही चाय ले रही हूँ। ज्यादा चीनी से मोटी हो जाऊँगी।

(b) A: तुम्हारे मँगेतर की क्या खबर है?
B: कोई ख़बर नहीं। एक महीने से उसकी चिट्ठी नहीं मिली है। और चिट्ठी मिले बग़ैर पता कैसे चले कि उसके मन में क्या है? शायद दूसरी लड़की मिल गई हो।

72

A: यह कैसे हो सकता है? तुम्हारे बिना वह कैसे रह सकेगा?

(4) जैक स्प्रैट चर्बी नहीं खा सकता था। उसकी पत्नी चर्बी के बिना गोश्त नहीं खा सकती थी। वे दोनों मिलकर सब कुछ खा लेते थे।

(5) गुरुवार रात को बिस्तर में जाने के लिए कपड़े बदल चुकी थी। तभी मेरी एक सहेली कमरे में आई। उस वक्त मैं अपने contact lenses आँखों से निकाल चुकी थी। मैंने सहेली से कहा, 'एक मिनट रुको। मुझे चश्मा लगाने दो। बग़ैर चश्मे के मैं देख नहीं सकती। और बिना देखे बात करने में मज़ा नहीं आता।'

(6) सुबह कॉफी पिए बग़ैर अमरीकी लोगों का काम बिल्कुल नहीं चलता।

Vocabulary

Verbs

डालना-to put in; to pour; to insert

जीना-to live

निकलना-to get out, to come out, to emerge (ने)

निकालना-to take out, to bring out (caus. of निकलना)

हँसना-to laugh

हँस पड़ना-to burst out laughing

Nouns

आश्चर्य-surprise (m.)

उदाहरण-example (m.)

गोश्त-meat, flesh (m.)

चर्बी-fat, grease (f.)

चश्मा-eyeglasses (m.) (treated as sg.)

मज़ा-pleasure, relish; run; taste, flavor (m.)

मन-mind, heart (m.)

Adj.s

मोटा-fat, plump

Fixed Expressions

उदाहरण के लिए – for example

V- ने में मज़ा आना – to enjoy V-ing, to find pleasure in V-ing

PRESENT PARTICIPLE AS ADVERB

The present participle is used as an adverb of time, or manner, or as a complement to verbs of perception such as देखना, सुनना, etc.

Time:

तुम जाते हुए मुझे चाभियाँ दे जाना।
Give me the keys as you leave.
सीता खाना पकाते हुए शीला से बातें कर रही थी।
Sita was talking to Sheela while cooking.

Manner:

लड़का दौड़ता हुआ आया।
The boy came running.
कुत्ता भूँकता हुआ दौड़ रहा था।
The dog was running barking.

Complement:

हमने उनको लाइब्रेरी जाते हुए देखा।
We saw them going to the library.
तुमने उसे गाते हुए सुना है?
Have you heard him singing?

When the present participle is used as a time adverb, जाते हुए, पकाते हुए, etc. may be replaced by जाते वक्त/जाते समय, पकाते वक्त/पकाते समय, etc., e.g.,

बाज़ार से आते समय दूध ले आना।
Bring some milk as you come from the bazar.
उसने चलते वक्त मुझे किताब दी।
He gave me the book as he was leaving.

The present participle may agree with the subject in case the subject is in the direct case as in, e.g.

लड़का दौड़ता हुआ आया।
The boy came running.
लड़की फूल चुनती हुई रुक गई।
The girl stopped while picking flowers.
वह भाँग बेचता हुआ पकड़ा गया।
He was caught selling Hashish.

Notice that in all the above examples, the subject of the finite verb is the understood subject of the participle. In cases where the subject of the participle is distinct from the subject of the finite verb, the oblique or inflected form of the participle followed by वक्त/समय is obligatory: e.g.,

राम के वन जाते समय कौशल्या रो पड़ीं।
Kaushalya wept when Rama started for the forest.
सीमा के गाते समय कोई शोर न मचाए।
None should make a noise while Seema is singing.

In such cases, जाते हुए, गाते हुए, etc. are not appropriate.
Notice also that in such cases, the subject of the participle is followed by the inflected form of the gen. postposition, i.e. के :
In the context of time and manner expressions, instead of the forms जाते हुए, चलते हुए, etc., the reduplicated form of the participle may be used as in:

वह जाते-जाते मुझे चाभियाँ दे गया।
He gave me the keys as he was leaving.
लड़का दौड़ता-दौड़ता आया।

The boy came running.

The reduplicated forms are felt to be more emphatic: (f.)

मैं चलते हुए थक गया।

I am tired of walking.

मैं चलते-चलते थक गया।

implies:

I have been walking for so long that I am tired.

NOTE: हम बैठे ही थे कि.... is a productive device to express the meaning "no sooner than,". For example:

मैंने दरवाज़ा खोला ही था कि फोन की घंटी बजी।

No sooner had I opened the door than the telephone rang.

राजू ने एम.ए. की पढ़ाई ख़त्म की ही थी कि उसकी शादी हो गई।

Raju had hardly completed his M.A. when he was married.

EXERCISES

A. ORAL WORK

1. बच्चन को कहाँ जाना था?
2. वे लंदन के लिए कब चले?
3. उस दिन उनकी तबीयत कैसी थी?
4. तेजी कौन है?
5. बच्चन लंदन क्यों जा रहे थे?
6. क्या आप कभी हवाई जहाज़ से कहीं गए हैं?

B. TRANSLATE THE FOLLOWING:

1. He felt very tired.   (tired feeling थकावट (f.))
2. We already knew that the plane left at 8 p.m.
3. Who knows when we will meet again.
4. Raj had to fill twelve forms to enter the University.
5. For a long time he kept playing the sitar.

C. FILL IN THE BLANKS:

मोहन सुबह _____ आपकी प्रतीक्षा कर रहा है। आप उस _____ ज़रूर मिल लीजिए। कल उस _____ पेरिस जाना है। वहाँ वह चार साल _____ _____ फ्रेंच सीखेगा। पेरिस में उसकी बहन _____ _____। वह उन _____ _____ रहेगा। पेरिस से लौटकर वह दिल्ली _____ फ्रेंच _____। उसे पढ़ाना _____ लगता है। आजकल वह यहाँ हिन्दी पढ़ाता _____।

D. HOMEWORK ASIGNMENT

Write a short essay on one of the trips you went on utilizing the following frame:

हम _____ में _____ गए। _____ हमारे घर से

75

___ मील दूर है। हमें ________________ से जाना था। हम
बजे घर से निकले। रास्ते में _____________ रुके। _______________ बजे
___ पहुँचे। वहाँ ______________ किया। वहाँ _____________ रहे। सैर में
...या। अब अगले साल हम _________________ जाएँगे।

A RE...ERENCE GUIDE FOR THE PRONOUNS AND DEMONSTRATIVES

	Direct		**Possessive**	
	Sg.	Pl.	Sg.	Pl.
1st P	मैं	हम	मेरा, मेरी, मेरे	हमारा, हमारी, हमारे
2nd P	तू	तुम	तेरा etc.	तुम्हारा etc.
		आप		आपका etc.
3rd P	यह	ये	इसका etc.	इनका etc.
	वह	वे[1]	उसका etc.	उनका etc.
human Q	कौन	कौन	किसका etc.	किनका etc.
non-human[2]	क्या	क्या	--	--
rel.	जो	जो	जिसका etc.	जिनका etc.
Indef.	कोई	कुछ	किसीका etc.	कुछ लोगों का etc.[4]

	Oblique[3] (+ any PP other than का, **के, की, or ने**)		**Alternate को Forms**	
			Sg.	Pl.
1st P	मुझ	हम	मुझे	हमें
2nd P	तुझ	तुम	तुझे	तुम्हें
		आप		आप
3rd P	इस	इन	इसे	इन्हें
	उस	उन	उसे	उन्हें
Q	किस	किन	किसे	किन्हें
Rel.	जिस	जिन	जिसे	जिन्हें
Indef.	किसी	(कुछ लोगों से) etc.	किसीको	कुछ लोगों को

[1]In cases where distance is not specified, वह is the unmarked, preferred form.

[2]क्या occurs only in the direct case, sg. and pl.; in the other cases, the appropriate forms of कौन are used.

[3]Remember that the के ---PP's (के लिए, के पास, etc) are treated like possessives when related to pronouns. Thus मेरे पास, मेरे लिए, etc., not *मुझ के पास,*मुझ के लिए, etc.

[4]Except in the direct case, कुछ does not usually appear alone. Normally, it is modifying some noun.

ने Forms

	Sg.	Pl.
1.	मैंने	हमने
2.	तूने	तुमने
		आपने
3.	इसने	इन्होंने
	उसने	उन्होंने
Q.	किसने	किन्होंने
Ref.	जिसने	जिन्होंने
Indef.	किसीने	कुछ लोगों ने

Other Q and Rel. Words

Q	Rel.	Correl.	
कब when?	जब	तब	when...then
	जब भी	तब	whenever.....then
	जब से	तब से	since (of time, not cause), from the time when....since then
	जब तक	तब तक	as long as, until ... until then
कैसे how	जैसा	वैसा	of such a sort as, just as, that which..., in that way
	जैसे ही	वैसे ही	as soon as ... then
कितना how much/ many?	जितना	उतना	as many/much as; however many/much...that much/many
कहाँ where?	जहाँ	वहाँ	where ....there
	जहाँ भी	वहाँ	wherever .... there
	जो कोई	वह	whoever ..... he
	जो कुछ	वह	whatever ..... that

कौन-सा, -से, -सी—which?, what kind of

It frequently gives the impression 'which out of a number of possibilities?', e.g.

[on phone]

A. मैं सूज़न बोल रही हूँ।

Lit., 'I Susan am speaking', i.e. 'This is Susan' (the way you identify yourself over the phone in Hindi-Urdu).

B. कौन-सी सूज़न?

Which Susan? (He knows a lot of Susans.)

आपको कौन-सी किताब चाहिए?

Which book do you need (of these before you)?

Some notes from McGregor, R.S. 1972. *Outline of Hindi Grammar*. Oxford: Clarendon Press.

''कौन and its oblique case forms are very frequently reduplicated, with a distributive connotation, e.g.

आप किन-किनसे बोले?

'Who (all) did you speak to?' (with what different people)

वहाँ कौन-कौन थे?

'Who all were there? (what different people)' (p. 45)

It happens that कोई tends to show up generally with animate nouns and कुछ with inanimate ones. However, McGregor reminds us:

"Note that the essential distinction between कोई and कुछ is not that the former refers to animate beings and the latter to inanimate but that the former particularizes, while the latter is general and partitive in force. Hence while कोई and कुछ used pronominally do refer typically to animate beings or inanimates, respectively, as adjectives they are usable with either reference." (p. 44)

Some examples are:

वह आदमी कोई फेरीवाला होगा।

'That man must be some kind of door to door salesman.'

वहाँ कुछ ही लोग थे।

'There were just a few people there.'

यहाँ कोई कुँआँ नहीं है।

'There is no well here.'

तालाब में कुछ पानी है।

'There is some water in the tank.'

"Adjectival क्या contrasts with कौन in the same way as कोई **with कुछ**"

Compare the sentences

ये कौन किताबें हैं?

What books are these?

यह क्या चीज़ है?

What (sort of) thing is this? (p. 46)

Note: कौन-सी would be fine in either of the above sentences, too:

ये कौन-सी किताबें हैं?

यह कौन-सी चीज़ है?

whereas कौन and क्या are indefinite, कौन-सा is definite.

Useful combinations:

और कुछ/कुछ और	something else/something more
और कोई/कोई और	someone else
और भी	other, too

PART II
भाग २

LESSON ONE: पहला पाठ

कुछ भूलें

रवीन्द्रनाथ त्यागी

वैसे मैं अपने निजी जीवन में काफ़ी सतर्कता से काम करता हूं। फिर भी कभी-न-कभी कोई छोटी-मोटी भूल हो ही जाती है। एक बार एक दोस्त को चिट्ठी लिखी, तो बजाय ''भाभी जी को नमस्ते और बच्चों को प्यार'' लिखने के, मैं ''भाभी जी को प्यार और बच्चों को नमस्ते'' लिख गया। नतीजा यह हुआ कि वह दोस्त अभी भी मुझे शंका-भरी निगाहों से देखता है।

इसी तरह एक बार सहारनपुर पैसेंजर में बैठने के बजाय जौनपुर पैसेंजर में बैठ गया, जिस से बड़ी परेशानी हुई। यह गलती इस वजह से हुई कि दोनों गाड़ियां प्रयाग स्टेशन से लगभग एक ही समय छूटती थीं।

पटने में था, तो एक बार गवर्नर की तरफ़ से चाय का निमंत्रण मिला। वहां शायद गणतंत्र दिवस के उपलक्ष में चाय पार्टी थी। वहां एक पुराना जिगरी दोस्त मिल गया। पता नहीं हम लोगों ने कितनी बातें कीं। काफ़ी देर बाद एक पुलिस अफ़सर ने बताया कि ''जन गण मन'' गाया जा चुका है। उस रात शर्म के मारे नींद नहीं आई।

एक बार सरकारी काम से बंबई गया। एयर इंडिया के दफ्तर में कुछ काम था। वहां उन दिनों कांग्रेस का अधिवेशन चल रहा था। दिल्ली वापस आने के लिए किसी ट्रेन में कोई सीट नहीं मिल रही थी। किसी तरह ''फ्रंटियर मेल'' में प्रथम श्रेणी के एक डिब्बे में सीट मिल गई। मैंने प्रथम श्रेणी का डिब्बा तलाशा और नीचे की बर्थ पर बिस्तर खोल दिया। मुझे बताया गया था कि मेरी सीट नीचे की है। इतने में किसी नेता के प्राइवेट सेक्रेटरी आए और मुझे बड़ी सख्ती से आदेश देने लगे कि आप ऊपर की सीट पर जाइए। नीचे की सीट पर अमुक नेता जाएंगे। उन्होंने नर्मी से कहा होता तो मैं मान जाता। उनकी असभ्यता देखकर मैं अड़ गया। नेता जी रात को आए और ऊपर की सीट पर सो गए। उन्होंने कोई नाराज़गी नहीं दिखाई। दिल्ली आने पर मैंने बाहर चिपकी लिस्ट पर नज़र दौड़ाई। पता चला कि नीचे की सीट नेता जी को दी गई थी। मैं बहुत शर्मिंदा हुआ।

कुछ भूलें

भूल	(nf.) - mistake, error
वैसे	usually, as a rule
निजी	private
सतर्कता	(nf.) - alertness, carefulness
कभी-न-कभी	at some time or other
छोटी-मोटी	minor, insignificant

बजाय V- ने के or V- ने के बजाय	instead of V-ing
भाभी	(nf.) - sister-in-law, brother's wife, (here used to refer to a male friend's wife)
नतीजा	(nm.) - result, consequence
शंका	(nf.) - suspicion, mistrust
भरना	to fill
निगाह	(nf.) - look, glance
सहारनपुर	Saharanpur (a town in north-western Uttar Pradesh)
सहारनपुर पैसेंजर	the "Saharanpur Passenger" train, (a "passenger" train in India travels very slowly, stopping at each small town, and even in between)
जौनपुर	Jaunpur (a town in south-eastern Uttar Pradesh)
जौनपुर पैसेंजर	the "Jaunpur Passenger" Train
परेशानी	(nf.) - worry, trouble
गलती	(nf.) - mistake, error
इस वजह से	for this reason
प्रयाग	Prayag (another name for Allahabad)
छूटना	to depart
पटना	Patna (a town in central Bihar, along the Ganges river)
गवर्नर	(Eng.) - governor
X की तरफ से.... निमंत्रण मिलना	to receive an invitation from X
निमंत्रण	(nm.) - invitation
गणतंत्र दिवस	Republic Day
X के उपलक्ष में	in celebration of X
जिगरी	intimate
''जन गराा मन''	"Jana Gana Mana" (name of the Indian national anthem)
शर्म	(nf.) - shame, embarrassment
X के मारे	on account of X
नींद	(nf.) - sleep, drowsiness
X को नींद नहीं आना	for X not to be able to sleep
सरकारी	official, governmental
एयर इंडिया	(Eng.) - Air India
उन दिनों	at that time, (lit: in those days)
कांग्रेस	the Congress Party
अधिवेशन	(nm.) - session
ट्रेन	(Eng.) - train

सीट	(Eng.) - (nf.) - seat
किसी तरह	in some way, somehow
फ्रंटियर मेल	the "Frontier Mail" train, which originally ran from Bombay to Peshawar, (a mail train carries mail and is an express train)
प्रथम	first
प्रथम श्रेणी	first class
डिब्बा	(nm.) - car (of a train)
तलाशना	to search for
बर्थ	(Eng.) - (nf.) - berth
बिस्तर	(nm.) - bedding, bed roll
इतने में	by then
नेता	(nm.) - leader
प्राइवेट सेक्रेटरी	(Eng.) - private secretary
सख्ती	(nf.) harshness
आदेश	(nm.) - order, command
अमुक	a certain, such and such
नर्मी	(nf.) - gentleness, kindness
उन्होंने नर्मी से कहा होता	'if he had said it politely,'
तो मैं मान जाता	'then I would have agreed'
असभ्यता	(nf.) - uncivilized behavior
अड़ना	to stick (to a position), to insist
नाराज़गी	(nf.) - anger
दिल्ली आने पर	'upon reaching Delhi'
चिपकना	to stick to, adhere to
लिस्ट	(Eng.) - list, (on Indian trains the list of reserved seats and berths is pasted to the outside of each car)
नजर	(nf.) - look, glance
नजर दौड़ाना	to take a quick glance
पता चलना	to come to know
शर्मिंदा	embarrassed

X के मारे 'ON ACCOUNT OF X'

In addition to the expressions x के कारण 'because of x', and x की वजह से 'because of x', Hindi has another expression too, viz. x के मारे 'on account of x'. Thus any one of the three expressions can be used in the following sentence:

(1) थकावट   के कारण   वह जल्दी सो गया।
              की वजह से
              के मारे

Due to fatigue he fell asleep quickly.

While all the three expressions express a cause-effect relationship between the phrase marked with one of the above three and the act/state expressed by the verb, these are not semantically identical. के कारण and की वजह से 'because of' are neutral about strength/power of the cause in bringing about the effect. In contrast to this, के मारे indicates that the cause plays an important role in bringing about the effect. It indicates that the cause is so powerful that the effect is a necessary outcome (of the cause) which the agent would not be able to prevent even if he wanted to.

Since के मारे indicates that the agent's volition is dominated by the cause, it is only as expected that के मारे readily participates in the sentences with the verbs of non-volitional acts, e.g.

(2) ख़ुशी के मारे वह उछल पड़ा।
He jumped up with (on account of) joy.

(3) डर के मारे वह चिल्ला उठा।
He screamed out of (on account of) fear.

(4) दर्द के मारे वह रो पड़ा।
He burst out crying (out of; on account of) pain.

Notice that the actions expressed in (2)-(4) express non-volitional acts (acts over which the agent does not have any control).

Whenever के मारे is used with a verb of volitional act, the sentence indicates that the act was performed by the agent against his own wishes. Consider the following sentences:

(5) बच्चों के मारे वह न्यूयार्क गया।
He went to New York on account of the children (although he himself did not want to go).

In a situation such as in (5) the native speakers prefer the use of पड़ना with the main verb because पड़ना clearly expresses the 'obligational' meaning e.g.,

(6) उसको बच्चों के मारे न्यूयार्क जाना पड़ा।
He had to go to New York on account of the children.

Similarly, although both (7) and (8) are acceptable, most native speakers prefer (8) to (7):

(7) उसने जॉन के मारे वह काम किया।
He did that work on account of John (although he did not want to do it)

(8) उसको जॉन के मारे वह काम करना पड़ा।
He had to do that work on account of John.

CULTURAL NOTES

(1) जन गण मन __________

'जन गण मन' refers to the national anthem of India which begins with the above words. The national anthem is as follows:

जन गण मन अधिनायक जय हे
भारत भाग्यविधाता।
पंजाब, सिंध, गुजरात, मराठा

द्राविड, उत्कल, बंग

विंध्य हिमाचल यमुना गंगा

उच्छल जलधितरंग

तव शुभ नामे जागे

तव शुभ आशिष मांगे

गाहे तव जय गाथा।

जन गण मंगलदायक जय हे

भारत भाग्यविधाता।

जय हे, जय हे, जय हे,

जय जय जय जय हे।

'Victory to He who guides the minds of the people, the Maker of the destiny of India. The Punjab, Sindh, Gujarat, Maharashtra, Dravida Country, Utkal, Banga desha, the Vindhya, Himalaya, Yamuna, Ganga and the tall waves of the ocean, wake up to your name, ask for your blessings, sing your praise. Victory to He who is auspicious for the people, the Maker of the destiny of India. Victory.......'

The national anthem was composed by one of the well-known poets of India, Ravindranath Thakur. The language of the poem is Bengali.

(2) भाभी (nf.) 'sister-in-law' i.e. brother's wife'. The term भाभी is used in Hindi for brother's wife. It is also used for friend's wife. Traditionally, it is not considered to be polite to address a friend's wife by her first name, rather, she is addressed as भाभी 'sister-in-law', thereby indicating (a) respect to her and (b) closeness in the relationship.

(3) गणतंत्र दिवस   'republic day'

The 26th day of January is considered to be the republic day in India. On the 26th of January 1950 the constitution of India came into effect after India regained her freedom from the British rule on the 15th of August 1947. The 26th January is a national holiday in India, similar to the 4th of July in U.S.A. It is celebrated all over India.

SIMPLE IMPERFECT

The simple imperfect form is used mainly in conditional clauses, e.g.:

1. अगर वह आता तो मैं उसे किताब दे देता।
   If he would come, I would give him the book.
   Had he come, I would have given him the book.
2. अगर राम इंग्लैंड जाता तो उसकी पत्नी भी जाती।
   If Ram would go to England, his wife would go too.
3. तुम आज शाम को मूवी जातीं तो हम भी साथ चलते।
   We would go to movie this evening with you if you would go.
4. बच्चे सो जाते तो हम टी. वी. देख सकते थे।
   We could watch TV if the children would go to sleep.

Notice that all the above sentences imply that the condition has not been fulfilled at the moment of speaking also, it is highly unlikely that it will be and the action/process of main clause will take place either therefore, 1-4 could be continued as:

1a. अगर वह आता तो मैं उसे किताब दे देता, पर वह आया ही नहीं।

2a. अगर राम इंग्लैंड जाता तो उसकी पत्नी भी जाती, पर राम का ऐसा कोई इरादा नहीं है।

3a. तुम आज शाम को मूवी जातीं तो हम भी तुम्हारे साथ चलते, पर तुम तो जाना ही नहीं चाहतीं।

4a. बच्चे सो जाते तो हम टी. वी. देख सकते थे, पर उन्होंने तो अभी नहाया तक नहीं।

Contrast the above with the conditional clauses containing the future or optative forms:

5. अगर हम सैन फ्रांसिस्को जाएँगे तो वहाँ पाँच दिन ठहरेंगे।
   If we go to San Fransisco, we will stay there for five days.
6. अगर सीमा शिकागो जाएगी तो रोहित मिलान जाएगा।
   If Seema goes to Chicago, Rohit will to to Milan.
7. अगर उसकी शादी होगी तो इसी साल होगी।
   If he/she gets married, he/she will get married this year.
8. अगर मुझे मौक़ा मिलेगा तो मैं अलास्का ज़रूर जाऊँगा।
   I will certainly go to Alaska if I get a chance.

Note that the above are merely predictive: the speaker asserts that if the condition is fulfilled, the main clause will happen. Consider the following:

9. अगर आप भारत जाएँ तो ताजमहल ज़रूर देखें।
   Please see the Tajmahal definitely if you go to India.
10. उसको बुखार हो तो 'ऐस्प्रो' दे दो।
    Give him an aspro if he has fever.
11. वह बाज़ार जाए तो दर्ज़ी से मेरे कुर्ते लेता आए।
    [He may / Let him] bring my 'kurta' from the tailor if he goes to the Bazar.
12. बच्चे सो जाएँ तो हम टी. वी. देख सकते हैं।
    We can watch the TV if the children go to sleep.

9-12 are neither predictive nor have the counter-factual sort of implication. They indicate the possibility that if X happens, Y may happen.

Notice the following:

1. If the subordinate clause is in the future, the main clause must be in future, too.
2. If the subordinate clause is in the optative, the main clause may be in the optative, or future, or imperative, or in v+सकता+है form.
3. If the subordinate clause is in the simple imperfect, the main clause may be in the same or in V+सकता+था form.
4. If the subordinate clause is in the future, the simple past form may occur in place of the future. The rest will remain the same, e.g.
   अगर राज [आएगा / आया] तो मैं उसको किताब दे दूँगा।
   If Raj comes, I will give him the book.

THE CONSTRUCTION **Instead of**

In addition to के/की बजाय and की जगह,

where one wants to convey 'contrary to expectations' or 'instead of' another construction can be used, too. Examples below illustrate this construction:

(i) स्कूल से सीधे घर न आकर बच्चे खेलने चले गए।

The children went off to play instead of coming home from School straight.

(ii) क्लास में न आकर पीटर 'मूवी' चला गया।

Peter went to a movie instead of coming to the class.

Translate the following:

1. जब मेरी बहन USA आईं तो सीधे मेरे घर न आकर वे वाशिंगटन चली गईं।
2. बर्फ़ पड़ रही है, बाहर न जाकर यहीं से फोन पर सब कुछ तय कर लिया जाए।
3. यहाँ की कॉफी अच्छी नहीं होती, कॉफी न मँगाकर चाय मँगा लें।
4. वह कमरे में न सोकर बाहर सो गया।

EXERCISES

A. नीचे दिए हुए प्रश्नों के उत्तर हिंदी में लिखिए:

a) त्यागी जी ने क्या गलती की जिसके कारण उनका दोस्त उन्हें शंका भरी निगाहों से देखता है?

b) त्यागी जी सहारनपुर पैसेंजर में बैठने के बजाय जौनपुर पैसेंजर में क्यों बैठ गए?

c) चाय की पार्टी में त्यागी जी समय पर क्यों नहीं पहुँचे?

d) 'फ्रंटियर मेल' में त्यागी जी से क्या गलती हुई और क्यों?

e) क्या आपसे भी कभी कोई गलती हुई है?

(आपसे) भूल क्यों और कैसे हुई? अपने शब्दों में लिखिए।

B. हिंदी में अनुवाद कीजिये:

a) If John would go to India, he would see the Taj.

b) If she would see her mother, she would be happy.

c) If we would go to Hawaii, we would see our friends.

d) If we go to India, we will eat a lot of mangoes.

e) If they like the house, they will buy it.

f) Give him my regards, if you see him.

(X का नमस्ते Y को कहना - to give/convey X's regards to Y)

g) Please buy a few apples for me if you are going to the market.

C. FILL IN THE BLANKS WITH APPROPRIATE VERB-FORMS:

एक दिन मैं न्यूयार्क अपने दोस्त के घर _____ (went)। उसके घर थैंक्सगिविंग की पार्टी _____ (होना 'to be')। पार्टी खूब अच्छी _____ (रहना 'to be')। छुट्टियों के बाद जब मैं वापस आने के लिये टिकट लेने स्टेशन गया तो मुझे _____ _____ (पता चलना 'to come to know') कि मुझे टिकट मिलना _____ _____ (मुश्किल होना 'to be difficult')। इतने में मैंने एक आदमी को तेज़ी से दौड़ते हुए अपनी ओर आते देखा। उसने मुझे ज़ोर से _____ (धक्का देना 'to give a shove to')। मैंने गुस्से से _____ (कहना 'to say'), 'देखते नहीं, हम लोग यहाँ ____ _____ (खड़ा होना 'to stand')' उस आदमी ने कहा, _____ _____ (माफ

7

करना 'to forgive') मैं जल्दी में हूँ। मेरे पास एक टिकट है जो मैं _____ _____ (बेचना चाहना 'to want to sell')। क्या आप में से किसी को टिकट _____ (चाहना 'want')? गुस्सा भूलकर मैंने कहा, ''जी हाँ, मैं _____ _____ (खरीदना 'to buy')''। जिस पर मैं अब तक नाराज़ था अब उसी से खुश _____ _____ हो जाना 'to become')।

D. HOMEWORK ASSIGNMENTS

I. Use the following phrases in your Hindi sentences:

(a) X के बजाय (b) X के मारे (c) X के उपलक्ष में (d) कभी-न-कभी

II. Write a short paragraph on the following topic:

अगर मैं अमरीका का प्रेसिडेंट होता_____

LESSON TWO: दूसरा पाठ

जब पति लेखक हो

वीणा गुप्ता

शादी से पहले मुझे यह जानकर बड़ी खुशी हुई थी कि मेरे भावी पति एक लेखक हैं। उस समय सोचती थी, ''मुझे उनकी नई-नई रचनाएं पढ़ने को मिलेंगी।'' वैसे पढ़ने का शौक़ मुझे बचपन से ही है। सोचती थी – ''क्या जोड़ी रहेगी! पति लेखक और पत्नी पाठक!'' लेकिन शादी के बाद जब मैंने अपने पति की रचनाएं देखीं, तो माथा ठोककर रह गई। रचनाएं तो ठीक ही रहती हैं, पर सबसे बड़ी समस्या है इनकी हैंड-राइटिंग की। अपना लिखा हुआ ये स्वयं ही नहीं पढ़ पाते, फिर और कोई क्या पढ़ेगा! ख़ैर, पढ़ने की बात तो किसी तरह हो जाती है। समस्या तब से शुरू हुई जब से मुझे इनकी रचनाएं नकल करनी पड़ी हैं। पहले तो कुछ कम ही लिखते थे, इसलिए गुज़ारा चल जाता था। पिछले वर्ष से रचनाएं अधिक छपने लगी हैं, मेरी मुसीबत और भी बढ़ गई है। इनकी ख्याति यूं ही बढ़ती रही, तो मैं इनकी पत्नी न रहकर, नकल करने की मशीन बनकर रह जाऊंगी।

जब पति लेखक हो

भावी	future
नई-नई	latest
रचना	(nf.) - literary work, composition
वैसे	'as it is, anyhow'
शौक़	(nm.) - fondness, interest
बचपन	(nm.) - childhood
जोड़ी	(nf.) - a couple, a pair
क्या जोड़ी रहेगी!	'What a couple that will be!'
पाठक	(nm.) - reader
माथा	(nm.) - forehead
ठोकना	to beat
रह जाना	to remain
(मैं) माथा ठोककर रह गई	'I was severely disappointed.'

समस्या	(nf.) - problem
हैंड-राइटिंग	(Eng.) - handwriting
स्वयं (pronounced: - स्वयम्)	oneself
अपना लिखा हुआ..... पढ़ पाते	'Even he himself cannot read what he has written.'
फिर	so then
और कोई क्या पढ़ेगा?	'How can anyone else read it?'
खैर	'oh well'
नकल करना	to copy
गुज़ारा	(nm.) - subsistence, livelihood
गुज़ारा चल जाना	to manage somehow
छपना	to be printed
मुसीबत	(nf.) - difficulty
बढ़ना	to increase
ख्याति	(nf.) - fame, reputation
यूँ ही	'like this'
मशीन	(Eng.) - machine

NEGATIVE USE OF QUESTION WORDS

In Hindi, similar to English, question-words are used to convey negative meaning. Let us consider the English as well as Hindi sentences:

English:

(1) **What** will (can) he do?
(a) He will not do anything.
(b) He cannot do anything.

(2) **Where** will he go?
He will not go anywhere.

(3) **Who** will (would) wear woolen clothes in summer?
No one will (would) wear woolen clothes in summer.

Hindi:

(4) वह क्या करेगा/कर सकता है?
(a) What will he do? What can he do?
(b) He will not do anything. He cannot do anything.

(5) वह कहाँ जाएगा?
(a) Where will he go?
(b) He will not go anywhere.

(6) गर्मियों में ऊनी कपड़े कौन पहनेगा?
(a) Who will wear woolen clothes in the summer?
(b) No one will wear woolen clothes in the summer.

REVIEW: से पहले, किसी तरह, कुछ कम ही, यूँ ही, बढ़ता रहना,

से पहले/के पहले 'before, prior to'

1. मैं नौ बजे से पहले दफ्तर नहीं आ पाती।
2. मैं 1962 में पहली बार भारत गया था। उसके पहले यूरोप से आगे नहीं गया था।

किसी तरह 'somehow'

3. रमा मेरे घर नहीं आ रही थी, किसी तरह उसे मनाया।
4. आप किसी तरह मुझे शिकागो ले चलिए।

कुछ कम ही 'somewhat less'

5 उसकी उम्र पाँच साल से कुछ कम ही लगती है। [उम्र f. 'age']
6. मुझे अंग्रेजी कुछ कम ही आती है। I know very little English.
7. शीला को वह 'मूवी' कुछ कम ही पसंद आई। Sheela didn't like that movie much.

यूँ ही 'in this manner'

8. आप यूँ ही कोशिश करते रहे तो हिन्दी सीख जाएँगे।
9. बच्चे यूँही खेलते रहे तो थक जाएँगे।
10. बर्फ यूँ ही पड़ती रही तो सारे रास्ते बंद हो जाएँगे।

बढ़ता रहना 'to keep growing, increasing.'

11. दुनिया की आबादी यूँ ही बढ़ती रही तो सारे साधन चुक जाएँगे।
दुनिया (f.) 'world' आबादी (f.) 'population' साधन (m.) 'resources' चुकना (intr.) 'to end, to be finished, to be exhausted'
12. नदी में पानी इसी तरह बढ़ता रहा तो बाढ़ आ जाएगी। बाढ़ (f.) 'flood'

EXERCISES

A. नीचे दिए हुए प्रश्नों के उत्तर हिंदी में लिखिए।

(a) शादी के बाद लेखिका माथा ठोककर क्यों रह गई?
(b) क्या उनके पति की रचनाएँ ठीक नहीं थीं?
(c) लेखिका के पति की हैंड-राइटिंग की क्या समस्या है?
(d) लेखिका ऐसा क्यों कहती हैं कि मैं इनकी पत्नी न रहकर, नकल करने की मशीन बन जाऊँगी।

B. REVIEW: GRAMMAR

Focus: Past habitual.

Read the passage carefully and answer the following questions in Hindi.

दादी

मुझे याद है, बचपन में हमारी दादी हमारे साथ रहती थीं। कभी-कभी वे कुछ दिनों के लिए चाचाजी के पास चली जाती थीं। मुझे दादी से बहुत प्यार था क्योंकि ज़ब वे हमारे यहाँ होतीं तो कई मज़ेदार कहानियाँ सुनाती थीं। उनकी कई बातें मुझे अभी तक याद हैं। बचपन में मैं बारिश की आवाज़ से डरती थी और दादी के पास सोने चली जाती थी। दादी कहती, 'बेटी, डरो नहीं। आसमान में एक बुढ़िया रहती है। जब गेहूँ का आटा खत्म हो जाता है तब वह गेहूँ पीसती है। आटा नीचे गिरता है। उसी को हम बारिश कहते हैं।' उस समय उनकी सारी बातें सही लगती थीं। लेकिन अब उन बातों पर हँसी आती है।

(a) क्या लेखिका को अपनी दादी से प्यार था? क्यों?
(b) जब लेखिका बारिश की आवाज़ से डरती थीं तब वे क्या करती थीं?

(c) बारिश की आवाज़ के बारे में दादी क्या कहती थीं?

(d) क्या आपको अपनी दादी की कोई खास बात याद है? अपनी दादी के बारे में १० पंक्तियाँ लिखिये।

C. TRANSLATE THE FOLLOWING INTO HINDI:

(a) When I was in the U.S. I used to live in Urbana.

(b) We used to have lots of flowers in our garden.

(c) When I was in New York I used to see him very often (बहुत बार, कई बार).

(d) John used to like French movies.

(e) My brother used to work for the government.

D. HOMEWORK ASSIGNMENTS

I. Use the following words/phrases in your Hindi sentences:

　　(a) शौक़ (b) पढ़ पाना (c) समस्या (d) नकल करना (e) ख्याति (f) मुसीबत

II. (i) Transform the following sentences according to the model given:

　(ii) Translate the transformed sentence into English:

　I. Focus on the past habiutal:

जान स्कूल जाता है　→　जान स्कूल जाता था।

(a) मैं डाकघर में काम करता हूँ।

(b) आप आजकल कहाँ रहते हैं?

(c) जब वह बच्चों को खुश देखती है तब वह भी खुश हो जाती है।

(d) जब भी मैं बाज़ार जाती हूँ, कुछ फल ज़रूर ख़रीदती हूँ।

(e) उस रास्ते से जाते हुए मुझे अपने दोस्त की याद आती है।

(f) क्या तुम कभी कहानियाँ लिखते हो?

(g) क्या दिनेश अपने पिता की बात मानता है?

2. Focus on पड़ना

मैं कुछ पत्र लिखती हूँ।　→　मुझे कुछ पत्र लिखने पड़ते हैं।

(a) वह खूब काम करती है।

(b) वे रोज़ सुबह पाँच बजे उठते हैं।

(c) आप दफ्तर कब जाते हैं?

(d) प्रधान मंत्री हमेशा देश के बारे में सोचते हैं।

(e) माली बगीचे की देखभाल अच्छी तरह से करता है।

(f) मेरे भाई शिकागो में रहते हैं।

LESSON THREE: तीसरा पाठ

अकबर और बीरबल

गधा ही

एक बार बादशाह अकबर और राजा बीरबल कहीं जा रहे थे। रास्ते में बादशाह ने देखा कि एक तम्बाकू के खेत में एक गधा चर रहा है। लेकिन वह तम्बाकू के पत्ते न खाकर इधर उधर की घास चर रहा है।

राजा बीरबल तम्बाकू खाते थे। इसलिए बीरबल पर व्यंग्य करते हुए बादशाह ने कहा, ''देखो बीरबल, तम्बाकू ऐसी चीज़ है जिसे गधा भी नहीं खाता है।''

बादशाह तम्बाकू नहीं खाते थे। बीरबल ने व्यंग्य का अर्थ समझते हुए कहा, ''जी हाँ, गधा ही तम्बाकू नहीं खाता है।''

बादशाह बीरबल का जवाब सुन झेंप गए।   २.

अकबर और बीरबल

गधा ही

अकबर	Akbar (a Moghul emperor)
बीरबल	Raja Birbal (one of the 9 famous court ministers of Emperor Akbar, known for his wit and repartee)
गधा	(nm.) - a donkey, an ass, a fool
गधा ही	'only an ass'
बादशाह	(nm.) - emperor, king, ruler
कहीं	somewhere
रास्ता	(nm.) - path, way
रास्ते में	'on the way'
तम्बाकू	(nm.) - tobacco
चरना	to graze
पत्ता	(nm.) - leaf
घास	(nf.) - grass

व्यंग्य	(nm.) - satire, irony
व्यंग्य करना	to be sarcastic, to taunt
अर्थ	(nm.) - meaning
झेंपना	to feel embarrassed
खेत	(nm.) - field

HISTORICAL NOTES

1. अकबर (1555 A.D. - 1605 A.D.)

अकबर was one of the prominent Moghul kings who ruled over India. अकबर was unique in several ways. He expanded the Moghul kingdom up to central India. He was the first Moghul king to marry a Hindu Rajput princess. He also appointed Hindu kings such as Man Singh and Raja Todarmal in his service. अकबर was a great lover of music, painting, sculpture and art in general. The famous musician Tansen flourished at his court. अकबर built the magnificent palace-city of Fathehpur-Sikri, twenty miles to the west of Agra. अकबर was the founder of the religion called **Dine ilahi** 'the divine religion' which preached the worship of one God by both Hindus and Muslims. अकबर's tolerance of other religions made him a popular king in India.

II. बीरबल

बीरबल was one of the nine famous court ministers of Emperor Akbar's court. बीरबल was known for his ready wittedness and repartee. बीरबल stories are very popular in India. Most of those stories are imaginary. They are full of humour based on language, particular charac teristics of Emperor अकबर and of human beings in general.

EXERCISES

A. नीचे दिए हुए प्रश्नों के उत्तर हिंदी में लिखिए:

(a) गधे को घास खाते हुए देखकर अकबर ने बीरबल से क्या कहा?

(b) बीरबल ने क्या जवाब दिया?

(e) अकबर क्यों झेंप गए?

(d) लेखक ने कहानी का शीर्षक 'गधा ही' क्यों रखा है?

B. ANALYSE THE FOLLOWING COMPLEX SENTENCES INTO SIMPLE SENTENCES:

(a) बच्चा कहानी सुनते हुए सो गया।

(b) वह लड़का रेडियो सुनते हुए किताब पढ़ रहा है।

(c) माली बगीचे में काम करते हुए कुछ गा रहा है।

(d) मैंने कल घर जाते हुए बाज़ार से कुछ कपड़े खरीदे।

(e) जान स्कूल जाते हुए अखबार खरीद लेगा।

(f) माँ स्वेटर बुनते हुए (बुनना to knit) हम से बातचीत कर रही थीं।

C. DICTATION: VOCABULARY PRACTICE

बादशाह	तम्बाकू
व्यंग्य	अर्थ
समझना	झेंप जाना

D. HOMEWORK ASSIGNMENT

I. Read the following and answer the questions in Hindi:

बीरबल की चतुरता की एक और कहानी सुनिए। एक बार राजा अकबर और उनकी रानी आम खा रहे थे। अकबर ने आम खाए और गुठलियाँ रानी के सामने रख दीं। जब बीरबल आए तो उन्होंने कहा, 'देखो बीरबल, रानी ने कितने सारे आम खा लिए।' बीरबल ने हँसकर कहा, 'जहाँपनाह, रानी जी ने तो केवल आम खाए हैं। आपने तो गुठलियाँ (Stones) भी खा लीं।' सुनकर बादशाह झेंप गए।

(a) राजा ने गुठलियाँ रानी के सामने क्यों रख दीं?

(b) अकबर ने बीरबल से क्या कहा? और क्यों?

(c) बादशाह अकबर क्यों झेंप गए?

LESSON FOUR: चौथा पाठ

अंधों की फ़ेहरिस्त

एक बार बादशाह अकबर ने बीरबल से अंधों की फ़ेहरिस्त तैयार करने को कहा। बीरबल ने सोचा कि यह अच्छी मुसीबत आ पड़ी। घर-घर जाकर अंधों की फ़ेहरिस्त बनाना अपने-आप में एक अच्छी-खासी मुसीबत थी। इसलिए उन्होंने टालने के विचार से कह दिया, ''जहाँपनाह, मुझे तो लगभग सभी अन्धे दिखाई देते हैं। फेहरिस्त क्या बनाई जाए।''

बादशाह बिगड़े, ''तुम्हारे मन में जो भी उलटा-सीधा आता है, बक देते हो। यहाँ अच्छे-भले लोग बैठे हैं और तुम सबको अंधा बता रहे हो।''

बीरबल ने बादशाह की बात का कोई उत्तर न दिया और थोड़ी देर बाद दरबार से उठकर अपने घर चले गए। घर पहुँचकर उन्होंने थोड़ी सी मूँज मँगवाई और उसे लेकर अपने दरवाज़े पर रस्सी बटने बैठ गए। थोड़ी देर बाद उधर से मिर्ज़ा दोप्याज़ा गुज़रे। उन्होंने बीरबल को रस्सी बटते देखकर पूछा, ''कहिए राजा साहब, क्या कर रहे हैं?'' बीरबल ने कोई जवाब नहीं दिया। हाँ, पास में रखा एक कागज़ उठाया, उसपर कुछ लिखा और उसे उसकी जगह पर रखकर फिर से रस्सी बटने में लग गए।

इसके बाद एक-एक कर सारे दरबारी उधर से गुज़रे और सभीने यही सवाल पूछा, ''राजा साहब, आप यहाँ बैठे हुए यह क्या कर रहे हैं?'' लेकिन बीरबल ने किसी को उत्तर न दिया। हाँ, जब भी कोई प्रश्न करता, वह पास में रखे कागज़ को उठाते, उसपर कुछ लिखते, उसे वहीं रखते और फिर से रस्सी बटने लग जाते।

थोड़ी देर बाद स्वयं बादशाह भी उधर से गुज़रे। उन्होंने भी यही प्रश्न किया, ''यह क्या कर रहे हो, बीरबल?''

प्रश्न सुनते ही बीरबल ने कागज़ उठाया, उसपर कुछ लिखा और फिर वह कागज़ बादशाह के हाथ में थमा दिया। बादशाह ने देखा कि उसमें सबसे ऊपर मिर्ज़ा दोप्याज़ा का नाम लिखा है, फिर सारे दरबारियों के नाम हैं। और अंत में स्वयं बादशाह का नाम लिखा है। हैरान होकर उन्होंने पूछा, ''यह क्या है?'' बीरबल ने जवाब दिया, ''अंधों की फ़ेहरिस्त।''

''क्या मतलब?'' बादशाह ने झुँझलाकर पूछा।

''जहाँपनाह,'' बीरबल ने कहा, ''मैं यहाँ बैठा मूँज की रस्सी बट रहा था। लेकिन, यहाँ से जो भी गुज़रा, उसने यही सवाल किया—बीरबल क्या कर रहे हो? अब आप ही बताइए कि अगर वे अंधे न होते तो क्या मुझे रस्सी बटता देख न लेते?'' बादशाह झेंपकर आगे बढ़ गए।

अंधों की फ़ेहरिस्त

अंधा	(nm.) - a blind person

फ़ेहरिस्त	(nf.) - list
[उस] ने X तैयार करने को कहा	'he said to make X ready'
मुसीबत	(nf.) - trouble, bother
यह अच्छी मुसीबत आ पड़ी	'this is a fine mess!'
घर-घर जाना	to go to each and every house
अपने-आप में	in itself
अच्छा-खासा	quite big
टालना	to put off, postpone, to avoid
जहाँपनाह	Your Highness
दिखाई देना	to seem, to appear
फ़ेहरिस्त क्या बनाई जाए	'What's the need for a list?'
बिगड़ना	to be enraged
उलटा-सीधा	right or wrong, (lit: wrong or right)
बकना	to babble
अच्छा-भला	noble, gentleman
तुम सब को अंधा बता रहे हो	'You say they are all blind.'
उत्तर	(nm.) - answer, reply
मूंज	(nf.) - a kind of long reed used for making ropes
मंगवाना	to send for, to ask someone to bring
रस्सी	(nf.) - rope
बटना	to twist
मिर्ज़ा दो-प्याज़ा	Mirza Do-Pyaza, (one of Akbar's nine famous court ministers)
गुज़रना	to pass by
पास में	nearby
उठाना	to pick up
V-ने [में] लग जाना	to become involved in V-ing
एक-एक कर	one at a time
सारा	all
दरबारी	(nm.) - a courtier
जब भी	whenever
फिर से	again
थमाना	to hand over
हैरान होना	to be astonished
झुंझलाना	to be annoyed, irritated
आगे बढ़ना	to move forward

CONTINGENT AND PRESUMPTIVE TENSES

The following are the contingent and presumptive tense forms in Hindi:

Contingent imperfect:	चलता हो
Contingent durative:	चल रहा हो
Contingent Perfect:	चला हो
Past contingent imperfect:	चलता होता
Past contingent durative:	चल रहा होता
Past contingent perfect:	चला होता
Presumptive imperfect:	चलता होगा
Presumptive durative:	चल रहा होगा
Presumptive perfect:	चला होगा

Thus, हो, होता and होगा mark the contingent, the past contingent and the presumptive respectively.

The contingent tense has the general meaning:
'likely but not certain to happen' or
'dependent or conditioned by something else.'

I. The contingent imperfect is used in the following meaning:
  a. Hypothetical action/process:

1. (शायद) गाड़ी चार बजे छूटती हो।
  The train may be leaving at 4 o'clock.
2. शायद राम अभी पढ़ता हो।
  Ram may be studying at this moment.
3. (संभव है कि) वे लोग अभी खाते हों।
  (It is possible), they may be eating now.
4. (मुमकिन है कि) वह अभी जाना न चाहता हो।
  (It is possible that) he does not want to go now.

In conditional clauses:

5. अगर वह सोता हो तो उसे न जगाना।
  If it is the case that he is asleep, do not wake him up.
6. अगर वे जाना चाहते हों तो हम उन्हें 'मूवी' ले जाएँगे।
  If it is the case that they want to go, we will take them to the movies.
7. तुम्हें अच्छी लगती हों तो ये सब चीजें ले जाओ।
  In case you like them, take all those things.
8. नींद आती हो तो सो जाओ।
  In case you are sleepy, go to sleep.

In the above, the contingent imperfect may be replaced by the contingent durative. Note that in sentence I, the durative will result in a change in meaning, in others, the meaning will remain constant. In the following, however, the imperfect may not be replaced by the durative:

b. Natural or expected property:

9. मुझे ऐसी जगहें पसंद हैं जहाँ खूब ठंड पड़ती हो।

I like places that get quite cold.

10. मुझे एक ऐसे सहायक की ज़रूरत है जो रूसी बोलता हो।

I need an assistant who can speak Russian.

11. उसे ऐसी बहू चाहिए जो सीना जानती हो।

He needs a bride who knows how to sew.

12. उस कमरे में न सोना जहाँ बच्चे पढ़ते हों।

Do not sleep in the room in which the children are studying.

II. Past contingent imperfect has a counter-factual meaning:

13. अगर वह रोज आता होता तो काम सीख जाता।

Had he come regularly, he would have learnt the work.

14. वह जीवित होता तो इस समय M.A. में पढ़ता होता।

Had he been alive, he would have been studying for M.A.

Past contingent durative has the same meaning, except that the meaning of the durative replaces the meaning of the imperfect:

15. गाड़ी आ रही होती तो इस समय तक स्टेशन पर चहल-पहल शुरू हो जाती।

Had the train been coming, the station would have come to life by now.

16. वह सो रहा होता तो कमरे में अंधेरा होता।

Had he been sleeping the room would have been dark.

III. Presumptive forms are used to express the following range of meaning:
'reasonable opinion or belief.':

17. ये चीजें यहीं बनती होंगी।

These things must be being made here.

18. यह कार तेज चलती होगी।

This car must be running fast (usually).

19. इस मकान में कम-से-कम बीस लोग रहते होंगे।

There must be twenty people living in this house.

Presumptive durative is used as follows:

20. वे लोग अभी दफ्तर जा रहे होंगे।

Those people must be on their way to the office now.

21. वहाँ खूब रौनक हो रही होगी।

It must be very festive there (now).

22. वह उदास है, उसको घर की याद आ रही होगी।

He is sad, he must be missing home.

IV. Contingent, Past Contingent and Presumptive Perfect.

चला हो	चला होता	चला होगा
(May have walked)	(had walked)	(must have walked)
आया हो	आया होता	आया होगा

खाया हो   खाया होता   खाया होगा

a. Contingent perfect has the following range of meaning:

A. hypothetical completed action or process:

1. शायद वह सो गया हो।

   He may have slept (i.e. it is possible he is asleep)

2. श्याम रो रहा है। शायद किसी ने उसे पीटा हो।

   Shyam is crying, someone may have hit him.

B. to express apprehension that some untoward event may have taken place.

3. कहीं उसने राज को गोली न मार दी हो।

   He may have shot Raj.

4. कहीं बच्चा सड़क पर न चला गया हो।

   The child may have gone to the street (i.e. He may be on the street).

C. to express possibility of completed action or process in conditional clauses:

5. अगर वह आ गया हो तो उसे चाय दे दो।

   If he has arrived, give him some tea.

6. (अगर) वह पढ़ चुका हो तो अब सो सकता है।

   He can go to sleep if he has completed his study.

b. Past contingent perfect has basically the counterfactual meaning:

7. अगर वह आया होता तो मैंने उसे किताब दी होती।

   Had he come, I would have given him the book.

8. उसने पढ़ाई की होती तो परीक्षा में अच्छा किया होता।

   Had he studied, he could have done well in the examination.

9. काश, आप उस दिन आए होते!

   How I wish you had come that day.

10. काश, उस दिन वह बाज़ार न गया होता। तब यह दुर्घटना न हुई होती।

    How I wish that day he had not gone to the market. Then this accident would not have happened.

c. Presumptive perfect means that on the basis of knowledge, the speaker assumes that the action or process must have been completed:

11. चार बज चुके हैं, गाड़ी आ गई होगी।

    It's four o'clock, the train must have arrived.

12. रमा बहुत खुश नज़र आ रही थी। उसने परीक्षा में ज़रूर अच्छा किया होगा।

    Rama looked very happy, she must have done well in the examination.

13. मुझे लगता है कि उसने पत्र लिख दिया होगा।

    It seems to me that he must have written the letter.

14. घास गीली है, रात को ओस पड़ी होगी।

    The grass is wet, dew must have fallen last night.

EXERCISES

A. नीचे दिए हुए प्रश्नों के उत्तर हिंदी में लिखिए:

(a) जब बादशाह ने बीरबल से अंधों की फ़ेहरिस्त बनाने को कहा तब बीरबल ने क्या कहा?

(b) अंधों की फ़ेहरिस्त में बीरबल ने किस-किस का नाम लिखा और क्यों?

(c) जब दरबारियों ने बीरबल को मूँज बटते देखा तो उन्होंने उससे क्या कहा?

(d) जब बीरबल ने बादशाह को अंधों की फ़ेहरिस्त दिखाई तब बादशाह हैरान क्यों हुए?

B. TRANSLATE THE FOLLOWING INTO HINDI:

(a) It's a bother to teach her Hindi.

(b) John always avoids talking about Bill.

(c) I asked her several times but she did not answer.

(d) After a little while, they returned home.

(e) Whenever I pass by his house, I see him studying.

(f) If I make a list of my friends, your name will be at the top.

C. GRAMMAR

Focus: Contingent and Presumptive tenses.

Translate the following into English:

(a) शायद जान इस समय टी०वी० देखता हो।

(b) संभव है वह वायोलिन बजाती हो।

(c) अगर तुम हमारे साथ चल रहे हो तो जल्दी कपड़े बदल लो।

(d) (अगर) वह पढ़ रहा हो तो उससे बातें मत करना।

(e) उन्हें ऐसी जगह रहना पसंद नहीं जहाँ बहुत बर्फ़ गिरती हो।

(f) मुझे एक ऐसा मकान चाहिए जिसमें बहुत खिड़कियाँ हों।

(g) अगर वे यहाँ आते तो कितना अच्छा होता।

(h) बारिश होती तो गर्मी कुछ कम हो जाती।

(i) तुम उससे पूछती तो वह बता देता।

(j) इस समय वे दफ़्तर में होंगे।

(k) प्रकाश अब तक घर पहुँच गया होगा।

(l) बड़े खुश लग रहे हो, कुछ बात तो ज़रूर होगी।

(m) आधी रात बीत चुकी है, बच्चे सो गए होंगे।

(n) जनवरी का महीना है, वहाँ सर्दी शुरू हो गई होगी।

(o) बसन्त का मौसम है, अमरीका में खूब फूल खिले होंगे।

(p) बहुत बर्फ़ गिर रही है, कहीं रास्ता बंद न हो गया हो।

(q) कहीं वह दुर्घटना में न फँसा हो।

(r) कहीं बस न छूट गई हो।

D. HOMEWORK ASSIGNMENTS

I. Write a short paragraph on the following topic:

अगर मैं भारत जाता _____

II. Use the following expressions in your own Hindi sentences:

(a) फ़ेहरिस्त (b) मुसीबत (c) टालना (d) हैरान होना (e) झुंझलाना (f) झेंपना

III. Fill in the blanks with the Hindi equivalent of the English given:

(a) अगर जान ठीक से पढ़ता तो _____
(he would pass the test)

(b) रास्ते गीले हैं. कल रात _____
(it must have rained)

(c) इस घर में _____.
(there must be eight rooms)

(d) मुझे ऐसी कार चाहिये जिसमें _____
(the whole family can fit in)

(e) दरवाजे पर ताला लगा है, कहीं वह शहर छोड़कर _____
(may have gone)

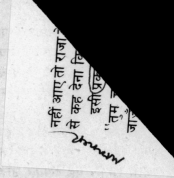

LESSON FIVE : पाँचवाँ पाठ

बीरबल की खिचड़ी

एक बार बादशाह अकबर ने घोषणा करवाई कि जो आदमी सर्दियों की रात में तालाब में खड़ा रहेगा उसे एक हज़ार अशर्फ़ियाँ पुरस्कार में दी जाएँगी। सभी लोगों ने घोषणा सुनी, लेकिन यह काम करने की हिम्मत किसी की नहीं हुई। भला सर्दियों की रात में पानी में कौन खड़ा होता और वह भी सारी रात। लेकिन एक बेचारे गरीब ब्राह्मण को अपनी लड़की की शादी करनी थी, जिसके लिए उसे पैसे की सख़्त ज़रूरत थी। इसलिए उसने घोषणा सुनते ही सीधे दरबार की राह पकड़ी।

दरबार में आकर उसने कहा, "हुज़ूर मैं सारी रात तालाब में खड़ा होने को तैयार हूँ।" ब्राह्मण को रात को तालाब में खड़ा कर दिया गया। बेचारा ब्राह्मण इसी आशा में कि सुबह होते ही उसे अशर्फ़ियाँ मिल जाएँगी और फिर वह अपनी बेटी की शादी धूमधाम से कर देगा, पानी में खड़ा रहा। ठंड से अपना ध्यान बटाने के लिए वह महल की खिड़की में जलते दीपक की ओर देखता रहा था। जैसे-तैसे कर उसने पूरी रात काट दी और सुबह होते ही दरबार में पहुँच गया।

जब उसने अपना पुरस्कार माँगा तो बादशाह ने अपने पहरेदारों से पूछा, "क्या यह ब्राह्मण ठीक कह रहा है कि वह सारी रात तालाब में खड़ा रहा था?"

पहरेदारों के यह बताने पर कि वह ठीक कह रहा है, बादशाह ने ब्राह्मण से पूछा, "तुम्हारा पुरस्कार तो तुम्हें अभी दे दिया जाएगा, लेकिन यह तो बताओ कि तुम सारी रात तालाब में खड़े कैसे रहे?"

"जहाँपनाह," ब्राह्मण बोला, "मैं अपना ध्यान आपके महल की खिड़की पर जलते हुए दीपक पर लगाए रहा था। इसलिए मुझे ठंड का पता ही नहीं चला और सारी रात बीत गई।"

"अच्छा, तो तुम हमारे महल की खिड़की पर जलते दीपक से गर्मी लेते रहे थे। जब तुमने गर्मी लेकर रात काटी है, तो फिर पुरस्कार किस बात का?" और यह कहकर बादशाह ने उसे बिना पुरस्कार दिए ही दरबार से लौटा दिया।

बेचारा गरीब ब्राह्मण रोता-कलपता राजा बीरबल के पास पहुँचा और उसे अपनी करुण कहानी जा सुनाई।

बीरबल समझ गये कि बादशाह अशर्फ़ियाँ देना नहीं चाहते हैं। थोड़ी देर तो वह कुछ सोचते रहे, फिर ब्राह्मण से बोले, "तुम जाओ, तुम्हें कल तुम्हारा पुरस्कार मिल जाएगा।"

अगली सुबह बीरबल ने एक ऊँचे-से बाँस पर एक पतीली लटका दी और नीचे ज़मीन पर धीमी-धीमी आग जला दी।

उधर जब बीरबल दरबार में नहीं पहुँचे तो बादशाह ने एक सिपाही उन्हें बुलाने भेजा। सिपाही ने बीरबल से कहा, "राजासाहब, बादशाह आपको याद कर रहे हैं।"

बीरबल ने कहा, "तुम चलो। बादशाह सलामत से कह देना कि मैं खिचड़ी पका रहा हूँ। पकते ही खाकर दरबार में पहुँच जाऊँगा।" सिपाही ने बादशाह से जाकर यही कह दिया। लेकिन जब काफी देर बाद भी बीरबल

...न दूसरा सिपाही भेजा। उस सिपाही से भी बीरबल ने यही कहा, ''तुम चलो। बादशाह सलामत ...क मैं खिचड़ी पका रहा हूँ। पकते ही खाकर दरबार में पहुँच जाऊँगा।''

...र राजा ने एक के बाद दूसरा सिपाही बीरबल के पास भेजा। लेकिन सभी से बीरबल ने यही कह दिया, ...लो। बादशाह सलामत से कह देना कि मैं खिचड़ी पका रहा हूँ। पकते ही खाकर दरबार में पहुँच ...ऊँगा।''

लेकिन जब शाम होने तक भी बीरबल दरबार में नहीं पहुँचे तो बादशाह स्वयं उनके घर की ओर चल पड़े। वहाँ पहुँचकर देखते क्या हैं कि एक काफ़ी ऊँचे बाँस पर एक पतीली लटकी है और बीरबल बैठे हुए नीचे आग जला रहे हैं। यह देखकर उन्होंने पूछा, ''यह क्या कर रहे हो बीरबल?''

''जहाँपनाह, खिचड़ी पका रहा हूँ।'' बीरबल ने कहा।

''अरे, तुम पागल तो नहीं हुए हो?'' बादशाह बोले, ''कहीं इतनी दूर की आँच से खिचड़ी पक सकती है? ऐसे तो पतीली तक गर्मी भी नहीं पहुँचेगी।''

''हुज़ूर, जब एक दीपक से तालाब में खड़े आदमी तक गर्मी पहुँच सकती है तो नीचे जलती हुई आग की गर्मी पतीली तक भला क्यों नहीं पहुँचेगी?''

बादशाह तत्काल सारी बात समझ गए। उन्होंने तभी ब्राह्मण को बुलाया। उससे माफ़ी माँगी और एक हजार अशर्फ़ियाँ देकर उसे विदा किया। बीरबल की खिचड़ी पक गई थी।

बीरबल की खिचड़ी

खिचड़ी	(nf.) - a dish of rice and a type of lentil (dal) cooked together
घोषणा	(nf.) - announcement
घोषणा करवाना	to have an announcement made
सर्दी	(nf.) - winter
तालाब	(nm.) - tank, pool
खड़ा रहना	to keep standing
अशर्फ़ी	(nf.) - asharfee (a gold coin)
पुरस्कार	(nm.) - prize, reward
पुरस्कार में	as a reward
हिम्मत	(nf.) - courage
X की Y (verb inf) की हिम्मत होना	for X to have the courage to do Y
भला	after all, anyhow
और वह भी सारी रात	'and that too, (standing in the water), for the whole night?'
सारी	entire, whole
बेचारा	poor
X को Y (verb inf) होना	for X to have to do Y
सख़्त	severe, great
X को Y की ज़रूरत होना	for X to have the need for Y
सुनते ही	'upon hearing'
दरबार	(nm.) - darbar, royal court

X की राह पकड़ना	to set out for X, (lit: to take the path to X)
हुज़ूर	'Your Majesty'
X करने को तैयार होना	to be ready to do X
ब्राह्मण को रात को तालाब में खड़ा कर दिया गया	'The brahmin was made to stand in the pool at night.'
आशा	(nf.) - hope
X की आशा में	in hope of X
सुबह होते ही	'upon it becoming morning'
धूम-धाम	(nf.) - pomp, fanfare
ध्यान	(nm.) - attention, thought
ध्यान बटाना	to distract one's attention, get one's mind off
महल	(nm.) - palace
जलना	to burn
दीपक	(nm.) - oil lamp
जैसे-तैसे	somehow or other
जैसे-तैसे कर	in some way or the other
रात काटना	to pass the night
पहरेदार	(nm.) - guard
ध्यान लगाए रहना	to keep concentrating on
X को Y का पता चलना	for X to be aware of Y
बीतना	to pass (time)
जब.... फिर....	if...., then....
फिर पुरस्कार किस बात का?	'Then what's the prize for?'
बादशाह ने उसे.... दरबार से लौटा दिया	'The emperor sent him away from the court.'
रोना	to cry
कलपना	to lament, bemoan
करुण	touching, pathetic
ब्राह्मण बीरबल के पास पहुँचा.... और उसे अपनी.... कहानी जा सुनाई	ब्राह्मण बीरबल के पास पहुँचा, और उसने जाकर उसे अपनी करुण कहानी सुनाई
ऊंचे-से	'sort of tall'
बांस	(nm.) - bamboo
पतीली	(nf.) - kettle
लटकाना	to hang (trans.)
धीमा-धीमा	slow
आग	(nf.) - fire
जलाना	to light, to set afire
सिपाही	(nm.) - soldier, policeman
बुलाना	to call (someone)
भेजना	to send

25

बुलाने भेजा	बुलाने के लिए भेजा
याद करना	to remember, to think of
बादशाह आपको याद कर रहे हैं	'The king is calling you.' (lit: The king is thinking of you)
बादशाह सलामत	'His Imperial Majesty'
पकते ही	'when it (the khichree) gets done'
प्रकार	(nm.) - way, manner
इसी प्रकार	in this way
एक के बाद दूसरा सिपाही	'one soldier after another'
शाम होने तक भी	'even when it became evening'
देखते क्या हैं, कि....	वे क्या देखते हैं, कि... - 'What does he see but....'
लटकना	to hang (intrans.)
पागल	crazy, mad
आंच	(nf.) - the heat of the flame, fire
भला	'well, then'
तत्काल	right then
तभी	right then
माफी	(nf.) - pardon
X से माफ़ी मांगना	to beg forgiveness from X
विदा करना	to bid farewell
बीरबल की खिचड़ी पक गई थी	'Birbal's plan succeeded.' (lit: Birbal's khichree got cooked.)
X की खिचड़ी पक जाना	for someone's plan to succeed

GRAMMATICAL NOTES

(1) भला : भला is used with a question-word in Hindi in sentences such as the following:

(a) मैं तुमको भला कैसे भुलाऊँगी?
How will I forget you? (I will certainly not forget you.)

(b) वह भला भारत क्यों जाएगा
Why would he go to India? (He will certainly not go to India.)

(c) इतनी ठंड में भला कोई बाहर सोता है?
Does anyone sleep outside in such cold weather?
(No one indeed would sleep outside in such cold weather.)

Notice that भला (along with the question-word) conveys the negative meaning. As mentioned earlier (i.e. notes on lesson 2), it is possible to convey the negative meaning in (a)-(c) without using भला. However, भला is used to stress the negative meaning. Therefore, while translating the sentences with भला, into English, the adverbials such as 'certainly', and 'indeed' are supplemented in the equivalent English sentences.

(2) जैसे-तैसे कर 'in some way or the other'!

जैसे-तैसे कर is a fixed expression in Hindi. Its literal meaning is 'doing this way and that way' (after trying out every possible way). It is used in the sentences such as:

(i) जैसे-तैसे कर उसने अपने बेटे के लिये १००० रुपये इकट्ठा किये।

In some way or the other he collected 1000 rupees for his son.

(ii) जैसे-तैसे कर देवेश रात के ग्यारह बजे घर पहुँचा।

Somehow Devesh managed to reach home at 11:00 pm.

The implied meaning in sentences such as the above is that the act was accomplished with great difficulty. If the sentence does not express an accomplishment of the act, then the use of जैसे-तैसे कर is totally blocked. Consider the following sentence:

(iii) जैसे-तैसे कर देवेश रात के ग्यारह बजे घर नहीं पहुँचा।

Devesh could not manage to reach home at 11:00 pm.

Sentence (iii) is acceptable only if it conveys the meaning "Devesh managed *not* to reach home at 11:00 pm."

(3) याद करना 'to remember, to memorise'

The verb याद करना to remember' is generally used in the sentences such as the following:

(a) हिंदी के ये शब्द अच्छी तरह याद करो।

Memorise these Hindi words properly.

(b) कल आप दावत में नहीं आये, हमने आपको बहुत याद किया।

Yesterday you did not come to the party: we remembered you a lot (i.e. we missed you a lot).

In addition to the above, the verb याद करना is used to convey a polite request. Recall the following sentence from the lesson बीरबल की खिचड़ी: सिपाही ने बीरबल से कहा, ''राजा साहब, बादशाह आपको याद कर रहे हैं।''

The soldier said to Birbal, "King! The emperor *is remembering you*."

In the above sentence, the function of याद करना is to convey the polite request 'बादशाह आपसे मिलना चाहते हैं.'

'The above meaning is determined only by the context as is evident from the following sentences: and while (c) is ambiguous (d) fails to convey the meaning of polite request.

(c) बच्चे आपको याद कर रहे हैं।

The children are remembering you.

(a) The children miss you.

(b) The children would like to see you.

(d) आप यहाँ से चले जाएँगे तो हम आपको बहुत याद करेंगे।

When you leave here we will miss you a lot. (*We would like to see you)

(4) खिचड़ी पकना 'for someone's plan to succeed'

खिचड़ी पकना is an idiomatic expression in Hindi and is used to convey the above meaning. खिचड़ी is a dish of rice and *dal* (lentils) cooked together. However, it is also used as a metaphor for a 'complex plan'. The literal meaning of the verb खिचड़ी पकना is 'for the dish to be cooked'. However, the idiomatic meaning is 'for someone's plan to succeed.' Recall the following sentence from the lesson: बीरबल की खिचड़ी पक गई थी। The literal meaning of the above sentence is 'Birbal's *khichari* was cooked'. However, the idiomatic meaning is 'Birbal's plan had succeeded'.

EXERCISES

A. VOCABULARY PRACTICE

खिचड़ी	घोषणा	पुरस्कार
ज़रूरत	दरबार	ध्यान
करुण	सिपाही	तत्काल
	माफ़ी	

B. नीचे दिए हुए प्रश्नों के उत्तर हिंदी में लिखिए।

(a) बादशाह अकबर ने क्या घोषणा करवाई थी?
(b) ब्राह्मण सर्दियों की रात में पानी में क्यों खड़ा रहा?
(c) अकबर ने ब्राह्मण को पुरस्कार देना मंजूर क्यों नहीं किया?
(d) क्या बीरबल ने ब्राह्मण की मदद की?
(e) बीरबल ने खिचड़ी कैसे पकाई?
(f) राजा के कई सिपाही भेजने पर भी बीरबल दरबार क्यों नहीं गया?
(g) जब बादशाह बीरबल से मिलने आए तब बीरबल ने उनसे क्या कहा?
(h) क्या बादशाह ने ब्राह्मण को आखिर पुरस्कार दिया? क्यों?
(i) इस कहानी का शीर्षक 'बीरबल की खिचड़ी' क्यों रखा गया है?

C. TRANSLATE THE FOLLOWING INTO HINDI

(a) The department of health (स्वास्थ्य विभाग) has announced that smoking is harmful to health.
(b) Very few people have the courage to climb up the Himalayan mountains.
(c) I am ready to live in New York for a few days.
(d) In order to divert his mind from the studies, he used to go swimming.
(e) John spent the whole night reading the book.
(f) The children remember their grandmother.
(g) They will certainly reach home at 10 p.m.

D. HOMEWORK ASSIGNMENTS

Focus: Negation.

I. Transform the following sentences according to the model given:
मैं कम्म करता हूँ → मैं काम नहीं करता।
(a) जान फ़्रांसिसी पढ़ रहा है।
(b) उन अमरीकी लड़कियों को हिंदी के गाने बहुत पसंद हैं।
(c) मैं आपके लिए कुछ भी कर सकता हूँ।
(d) अपने परिवार के लिए वह क्या कर सकता है?
(e) क्या वह चाय लाए?

(f) क्या प्रकाश अभी घर जाए?

(g) बादशाह ने ब्राह्मण को पुरस्कार दिया था?

(h) उमेश कल भारत चला जाएगा।

(i) यहाँ नई बस्ती बसेगी, नए मकान बनेंगे।

(j) कल शाम आप हमारे घर ज़रूर आइएगा।

II. (a) Transform the following sentences according to the model given.

   (b) Translate the transformed sentence into English.

   ये काम कौन कर सकता है → ये काम कौन नहीं कर सकता?

(a) हिंदी कौन पढ़ सकता है?

(b) संतरे किसको पसंद हैं?

(c) दीवाली पर कौन घर जाएगा?

(d) दोस्त के लिए कौन झूठ बोलेगा?

(e) अपनी जान बचाने के लिए कौन भाग जाएगा?

III. (a) Transform the following sentences according to the model given:

   (b) Translate the transformed sentence into English.

   वह घर चला गया है → वह कहीं घर न चला गया हो।

(a) दुकानें बंद हो गई हैं।

(b) बारिश के कारण रेलगाड़ियाँ देर से आईं।

(c) मेरी बातों का तुम्हें बुरा लगा है।

(d) वह सो गया है।

(e) बिल्ली ने दूध पी लिया है।

LESSON SIX: छठा पाठ

कुतुब मीनार

कुतुब मीनार भारतीय वास्तुकला का एक अनोखा नमूना है। यह मीनार महरौली नामक गाँव के पास राय पिथौरा के क़िले के खण्डहरों के बीच सिर उठाए खड़ी है। यह स्थान दिल्ली नगर से ११ मील दक्षिण में है।

कुतुब मीनार के निर्माता के विषय में लोगों में मतभेद है। कुछ लोगों का मत है कि यह राजपूत राजाओं ने बनवाई थी। इनके मतानुसार इसका निर्माण अंतिम हिन्दू सम्राट पृथ्वीराज चौहान ने कराया था। कुछ के मतानुसार कुतुबुद्दीन ऐबक़ ने अज़ाँ देने के लिए इस मीनार का निर्माण करवाया था। लेकिन यह बात सही नहीं जान पड़ती है।

ऐसा लगता है कि पृथ्वीराज चौहान ने विजय-स्तंभ के रूप में इसकी एक मंजिल बनवाई थी। बाद में दास-वंश के संस्थापक कुतुबुद्दीन ऐबक ने सन् ११९९ में इसका पुनर्निर्माण किया था। बाद में कुतुबुद्दीन के दामाद और उत्तराधिकारी शम्सुद्दीन अल्मतश ने सन् १२१०-३६ में इसके ऊपर की तीन मंजिलें बनवाई थीं। पाँचवीं मंजिल का निर्माण फ़ीरोज़ तुग़लक़ ने इसकी मरम्मत कराते समय सन् १३७० के लगभग किया था। छठी मंजिल के रूप में इसके ऊपर एक छतरी भी लगी हुई थी। सन् १८०३ में एक भूचाल से यह छतरी गिर गई। तब सन् १८२८ में अँग्रेजों ने इसकी मरम्मत करवाई और इसके ऊपर एक लोहे की छतरी लगवा दी। लेकिन कुतुब मीनार की वास्तुकला के साथ मेल न खाने के कारण यह छतरी बहुत ही भद्दी लगती थी। इसलिए सन् १८४८ में लॉर्ड हार्डिंग्ज ने इस छतरी को उतरवा दिया। यह उतरी हुई छतरी आज भी कुतुब मीनार के पास एक ओर रखी हुई है। इस समय मीनार की चोटी पर एक साधारण-सा जंगला बना हुआ है।

कुतुब मीनार की पहली तीन मंजिलें लाल पत्थर की बनी हुई हैं। यह पत्थर आगरा के पास से लाया गया था। चौथी और पाँचवीं मंज़िलें संगमरमर और लाल पत्थरों की मिलावट से बनी हुई हैं। मीनार की ऊपर की दोनों मंजिलें बनावट और सामग्री की दृष्टि से शेष भाग से भिन्न हैं। इससे भी यह पता लगता है कि मीनार को कई शासकों के समय में बनाया और पूरा किया गया है।

कुतुब मीनार की ऊँचाई २३८ फ़ीट है। पहली मंजिल ९६ फ़ीट ऊँची है, दूसरी ५१ फ़ीट ६ इंच, तीसरी ४१ फीट ६ इंच, चौथी २५ फ़ीट कुछ इंच और पाँचवीं २३ फीट कुछ इंच ऊँची है।

आधार पर इस मीनार का व्यास ४९ फीट ३ इंच और चोटी पर केवल ९ फ़ीट है। चोटी पर जाने के लिए मीनार के अंदर ३७९ घुमावदार सीढ़ियाँ हैं। मीनार में बाहर को निकले हुए चार छज्जे भी हैं। इन छज्जों से पूरी दिल्ली तथा दूर-दूर के दृश्यों को देखा जा सकता है।

कुतुब मीनार

मीनार — (nf.) - a minaret, tower
कुतुब मीनार — the Qutub Minar

भारतीय	Indian
वास्तुकला	(nf.) - architecture
अनोखा	rare wonderful
नमूना	(nm.) - example, sample
महरौली	Mehrauli (a small town south of Delhi)
नामक	'with the name of....'
गाँव	(nm.) - village
राय पिथौरा	(another name for Prithvi Raj Chauhan)
क़िला	(nm.) - fort
खंडहर	(nm.) - ruins
सिर	(nm.) - head
यह मीनार खंडहरों के बीच सिर उठाए खड़ी है	'This tower is standing proudly above the ruins.' (lit: with its head raised above the ruins)
दक्षिण में	'toward the south'
निर्माता	(nm.) - constructor, builder
विषय	(nm.) - subject, topic
के विषय में	about
मत	(nm.) - opinion, belief
मतभेद	(nm.) - disagreement
मतानुसार = मत + अनुसार	'according to the opinion of'
(के) अनुसार	according to
राजपूत	Rajput (a warrior caste)
निर्माण	(nm.) - construction, creation
अंतिम	last
सम्राट	(nm.) - emperor
पृथ्वीराज चौहान	Prithvi Raj Chauhan (a Hindu king of Delhi in the late 12th century)
कुछ के	कुछ लोगों के
कुतुबुद्दीन ऐबक	Qutubuddin Aibak (a king of the Slave Dynasty, in Delhi c. 1200)
अज़ाँ	(nf.) - call of a Muslim in a mosque for prayer
सही	correct, true
जान पड़ना	to appear, to seem
ऐसा लगता है	'it appears that....'
विजय	(nf.) - victory
स्तम्भ	(nm.) - column, pillar
विजय-स्तम्भ	(nm.) - victory tower
रूप	(nm.) - form
X के रूप में	as X, in the form of X

मंज़िल	(nf.) - story
दास	(nm.) - slave, servant
वंश	(nm.) - lineage, dynasty, family
दास-वंश	(nm.) - the Slave Dynasty (in Delhi around 1200)
संस्थापक	(nm.) - founder
सन्	'in the year...'
पुनर्निर्माण	(nm.) - reconstruction
दामाद	(nm.) - son-in-law
उत्तराधिकारी = उत्तर + अधिकारी	(nm.) - successor
शम्सुद्दीन अल्तमश	Shamsuddin Altamash (a Muslim king)
पाँचवां	the fifth
फ़ीरोज़ तुगलक	Firoz Tughluk (a Muslim king)
मरम्मत	(nf.) - repair
इसकी मरम्मत कराते समय	'at the time it was repaired'
टूटना	to break
छतरी	(nf.) - a canopy-shaped roof
भूचाल = भू + चाल	(nm.) - earthquake
अंग्रेज़	(nm.) - the British
लोहा	(nm.) - iron
लगवाना	to cause to be placed
मेल खाना	to match and suit
X के साथ मेल खाना	to match X
भद्दी	ugly
लार्ड हार्डिंग्ज़	Lord Hardings
उतरवाना	to cause to remove
चोटी	(nf.) - top, peak
साधारण-सा	'sort of ordinary'
जंगला	(nm.) - iron railing
पत्थर	(nm.) - stone
चौथा	the fourth
संगमरमर	(nm.) marble
मिलावट	(nf.) mixture
बनावट	(nf.) - structure, construction
सामग्री	(nf.) - material, ingredients
दृष्टि	(nf.) - view
X की दृष्टि से	'from the point of view of X'
शेष	the remaining
भाग	(nm.) - part, portion
भिन्न	different

पता लगना	to be apparent
शासक	(nm.) - a ruler
पूरा करना	to complete
ऊंचाई	(nf.) - height
फ़ीट	(Eng.) - feet
आधार	(nm.) - base, foundation
व्यास	(nm.) - diameter
घुमावदार	winding
सीढ़ी	(nf.) - stairs
छज्जा	(nm.) - balcony
मीनार में बाहर को निकले हुए चार छज्जे भी हैं	'In the tower there are 4 balconies jutting out.'
तथा	and
दृश्य	(nm.) - scene, sight, view

HISTORICAL NOTES

I. कुतुबुद्दीन ऐबक्

कुतुबुद्दीन ऐबक् was a Muslim king who ruled over India in 1193 A.D.-1210 A.D. He was a native of Turkistan, who had been bought as a slave, and was still technically in a servile condition while conquering Hindustan. कुतुबुद्दीन conquered Delhi and further expanded the Muslim kingdom towards the eastern parts (Bihar and Bengal) of India.

The question whether the famous Minar was begun by him and completed by Iltamush has given rise to differences of opinions depending on the interpretation of certain inscriptions.

II. शम्सुद्दीन अल्तमश

शम्सुद्दीन अल्तमश was the son-in-law of कुतुबुद्दीन ऐबक् and ruled over India in 1211 A.D. - 1236 A.D.. The title शम्सुद्दीन means 'the sun of religion'. He added Malwa and Sind to the Islamic kingdom in India. शम्सुद्दीन अल्तमश added to the Minar two or three stories and also built a group of buildings and is buried there in a beautiful tomb which according to Harrison (1958:239) "is one of the richest examples of Hindu art applied to Muslim purposes that Old Delhi affords."

III. पृथ्वीराज चौहान

पृथ्वीराज चौहान is well known in the history of India for his astounding victories over Muhammad of Ghor for ten years. पृथ्वीराज resisted Muhammad's invasion for ten years but was defeated at the second battle of Tarain. He is the most popular hero of northern India to this day, and his exploits are the subject of bards' songs and epics in Hindi (and its various dialects/varieties.).

NUMBERS

The numbers are written and pronounced in Hindi as follows:

	English	Hindi	Hindi
(a)	22	२२	बाईस

(b)	122	१२२	एक सौ बाईस
(c)	50	५०	पचास
(d)	450	४५०	चार सौ पचास
(e)	648	६४८	छह सौ अड़तालीस
(f)	1523	१५२३	एक हज़ार पाँच सौ तेईस
(g)	2772	२७७२	दो हज़ार सात सौ बहत्तर
(h)	4525	४५२५	चार हज़ार पाँच सौ पच्चीस
(i)	421525	४२१५२५	चार लाख इक्कीस हज़ार पाँच सौ पच्चीस

१००	सौ
१०००	हज़ार
१००,०००	लाख
१००,०००००	करोड़

DATES

The dates are written and pronounced in Hindi as follows:

Written		Written/pronounced
(1) सन् ८२५ में	or	सन् आठ सौ पच्चीस में (in 825 A.D.)
(2) सन् ११७५ में	or	(a) सन् ग्यारह सौ पचहत्तर में (in 1175 A.D.)
		(b) सन् एक हज़ार एक सौ पचहत्तर में (in 1175 A.D.)
(3) सन् १८३३ में	or	(a) सन् अठारह सौ तैंतीस में
		(b) सन् एक हज़ार आठ सौ तैंतीस में

Although it is possible and grammatical to pronounce the dates as in (2-b) and (3-b), the convention requires it that they be pronounced as in (2-a) and (3-a) respectively.

Now consider the dates such as:

400 B.C.,   200 B.C.,   175 B.C. etc.

English	Hindi
(1) 400 B.C.	ईसवी सन् पूर्व/ईसा पूर्व चार सौ (साल/वर्ष)
	(Christian era before) four hundred years
(2) 200 B.C.	ईसवी सन् पूर्व/ईसा पूर्व दो सौ (साल/वर्ष)
	(Christian era before) two hundred years
(3) 175 B.C.	ईसवी सन् पूर्व/ईसा पूर्व एक सौ पचहत्तर (साल/वर्ष)
	(Christian era before) one hundred seventy five years

EXERCISES

A. PRONUNCIATION PRACTICE

भारतीय	वास्तुकला	मीनार	दक्षिण
अनोखा	नमूना	खण्डहर	निर्माता
निर्माण	स्तंभ	मंज़िल	पुनर्निर्माण
मरम्मत	पत्थर	संगमरमर	मिलावट
	घुमावदार	सीढ़ियाँ	

B. नीचे दिए हुए प्रश्नों के उत्तर हिंदी में लिखिए:

(a) कुतुब मीनार कहाँ है?

(b) कुतुब मीनार के निर्माता के विषय में लोगों के क्या मत हैं?

(c) कुतुब मीनार की कितनी मंजिलें हैं? और वे किस-किसने बनवाई थीं?

(d) लॉर्ड हार्डिंग्ज़ ने लोहे की छतरी को क्यों उतरवा दिया?

(e) कुतुब मीनार की क्या विशेषता है?

V. GRAMMAR

Focus: Passive

(i) Transform the following sentences according to the model given.

(ii) Translate the transformed sentence into English.

सुधा ने खाना नहीं खाया → सुधा से खाना खाया नहीं गया।

(a) उसने कुछ भी नहीं कहा।

(b) उन्होंने कविताएँ लिखीं।

(c) सरकार ने घोषणा करवाई कि शाम को कोई घर से बाहर न निकले।

(d) कुतुबुद्दीन ऐबक़ ने कुतुब मीनार का निर्माण करवाया था।

(e) अल्तमश ने कुतुब मीनार के ऊपर तीन मंजिलें बनवाई थीं।

(f) वे आगरे के पास से पत्थर लाए थे।

(g) लॉर्ड हार्डिंग्ज़ ने छतरी को उतरवा दिया।

D. HOMEWORK ASSIGNMENTS

I. (i) Transform the following sentences according to the model given.

(ii) Translate the transformed sentence into English.

मैं काम करता हूँ → (मुझसे) काम किया जा सकता है।

(a) वे लोग हिंदी नहीं पढ़ते।

(b) यहाँ किताबें छपती हैं।

(c) वह बाज़ार से आम लाता है।

(d) वह आगरे के लिए टिकट खरीदता है।

(e) तुम मेरा इतना काम करोगे?

(f) अपने माता-पिता के लिए वह सब कुछ करता है।

(g) यहाँ स्कूल के बच्चे क्रिकेट खेलते हैं।

35

(h) ऐसे काम कौन करता है?

II. Focus: Past participles.

(i) Construct past participles according to the model given.
(ii) Use the derived participles in your Hindi sentence.

राम ने गाने गाए → राम के गाए हुए गाने
राम के गाए हुए गाने मुझे पसंद हैं।

(a) लड़कियों ने स्वेटर बुने।
(b) रंगरेज़ ने कमीजें रंगीं।
(c) दादी ने कहानी सुनाई।
(d) सुधा ने भारतीय खाना पकाया।
(e) मीना ने दिलचस्प बातें कहीं।
(f) जान ने एक किताब लिखी।
(g) उन्होंने कई चिट्ठियाँ लिखीं।

III. Write a paragraph about your favorite historical monument.

LESSON SEVEN: सातवाँ पाठ

झूठ और झूठ

१

किसी शहर में एक मियाँ जी रहते थे। उन्हें एक नौकर की ज़रूरत थी। काफ़ी दौड़-धूप करने के बाद आख़िर उन्हें नौकर मिल ही गया। वेतन आदि की बात तय हो जाने के बाद उन्होंने नौकर से कहा, ''देखो भाई, एक बात और सुन लो। मुझे झूठ बोलने की आदत है। मैं झूठ बोले बिना रह ही नहीं सकता हूँ।''

''कोई बात नहीं हुज़ूर,'' नौकर ने कहा, ''मुझे कोई एतराज़ नहीं है, आप चाहे जितना झूठ बोलें। लेकिन हाँ, झूठ तो मैं भी बोलता हूँ, पर छः महीने में सिर्फ़ एक बार। इसलिए जब मैं आपके रोज़-रोज़ के झूठ बरदाश्त करूँगा तो आपको भी छः महीने में एक बार मुझे झूठ बोलने की इजाज़त देनी होगी।''

''हाँ, हाँ मुझे एतराज़ नहीं है,'' मियाँ जी ने कहा।

नौकर ने उनके यहाँ काम करना शुरू कर दिया। मियाँ जी को तो झूठ बोलने की आदत थी ही, वे बात-बात में झूठ बोलते रहते। इससे नौकर को बड़ी परेशानी होती, लेकिन वह बेचारा कर भी क्या सकता था।

कई महीने बाद मियाँ जी ने परिवार की ख़बर लाने के लिए अपने नौकर को गाँव भेज दिया। मियाँ जी के परिवार में उनकी एक बूढ़ी माँ, पत्नी और एक बच्चा था। इनके अतिरिक्त उनके यहाँ एक घोड़ा और एक कुत्ता भी था। कुत्ता उन्हें सबसे अधिक प्यारा था। इसलिए जब आठ दिन बाद उनका नौकर लौटकर आया तो सबसे पहले उन्होंने अपने कुत्ते के बारे में ही पूछा, ''मेरा कुत्ता तो ठीक है न?''

नौकर ने कहा, ''बड़ा अच्छा कुत्ता था, लेकिन बेचारा मर गया।''

''मर गया? लेकिन कैसे?'' मियाँ जी ने पूछा।

''बेचारे के गले में घोड़े की हड्डी फँस गई थी, बस।'' नौकर ने जवाब दिया।

मियाँ जी को बड़ा दुख हुआ, लेकिन किया भी क्या जा सकता था। थोड़ी देर बाद बोले, ''मेरा घोड़ा तो अच्छी तरह है न?''

''अच्छी तरह क्या हुज़ूर, वह तो ईंटे ढोते-ढोते मर गया। उसी की हड्डी तो आपके कुत्ते.....''

''ईंटें किसने ढुलवाई थीं मेरे घोड़े से?'' नौकर की बात को बीच में ही काटकर गुस्से में चीखते हुए बोले।

''हुज़ूर, ज़रूरत ही ऐसी थी। आखिर कब्र तो बनवानी थी। भला क्या आपकी माता जी की कब्र भी न बनती?'' नौकर ने कहा।

''तो क्या मेरी माता जी भी चल बसीं?'' मियाँ जी ने आह भरते हुए पूछा।

नौकर ने उसी तरह आह भरते हुए कहा, ''भला बेटे की बहू के बिना सास कैसे जीवित रह सकती थी?''

''क्या?'' मियाँ जी की आँखें फटी की फटी रह गईं। ''तो क्या मेरी पत्नी कहीं भाग गई?''

''अरे साहब, भागें आपके दुश्मनों की पत्नियाँ, वह क्यों भागती? वह बेचारी तो पुत्र का दुख न सह सकीं और स्वयं भी चल बसीं।''

यह सुनकर तो जैसे मियाँ जी पर पहाड़ ही टूट पड़ा। पूछा, ''मेरे बेटे को आखिर हुआ क्या था?''

''होना क्या था मालिक, बस समझ लीजिए कि मौत आ गई थी। वह तो अच्छा-भला खेल रहा था कि बैठे बैठे मर गया,'' नौकर ने कहा।

मियाँ जी अपना सिर थामकर बैठ गए। थोड़ी देर बाद उन्होंने सोचा कि जब परिवार में कोई रहा ही नहीं तो यह कारोबार और सामान अब किसके लिए रखा जाए।

इसलिए उन्होंने थोड़ा-सा पैसा अपने पास रखकर बाक़ी सारा सामान और धन पड़ोस के लोगों में बाँट दिया और नौकर को साथ लेकर अपने गाँव की ओर चल पड़े। जब वह अपने घर के पास पहुँचे तो उनका कुत्ता उन्हें देखकर दुम हिलाता हुआ उनके पास आ गया। उन्होंने कहा, ''अरे मेरा कुत्ता तो यह रहा।'' नौकर ने उनकी बात का कोई उत्तर नहीं दिया। तभी उन्हें अपने घोड़े की हिनहिनाहट सुनाई दी। घर के अन्दर पहुँचकर उन्होंने अपनी माँ, पत्नी और बेटे—सभीको वहाँ बैठा पाया।

अब तो वह गुस्से से फट पड़े और एक छड़ी लेकर नौकर को मारने दौड़े। नौकर बोला, ''पहले आप मेरी बात तो सुनिए।''

''अरे, तू सुनाएगा क्या? तूने तो मुझे बरबाद कर दिया। आज मैं तुझे ज़मीन में गाड़ दूँगा।''

''ज़मीन में बाद में गाड़िएगा, पहले मेरी शर्त याद कीजिए। क्या छः महीने में एक बार झूठ बोलने की बात तय नहीं हुई थी। आप तो दिन में बीस-बीस झूठ बोलें और मैं छः महीने में एक दिन भी झूठ न बोलूँ, यह कहाँ का न्याय है?''

''लेकिन कम्बख़्त, तेरे झूठ ने तो मुझे बरबाद कर दिया। अब तू मेरी आँखों के सामने से चला जा। यह ले अपने पैसे और जा।'' नौकर अपना वेतन लेकर चल दिया।

झूठ और झूठ

झूठ	(nm.) - lie
मियाँ जी	(nm.) - a Muslim gentleman
दौड़-धूप	(nf) - running around, all-out effort (lit: running and hot sun)
आखिर	at last, in the end
वेतन	(nm) - pay, salary
आदि	etc.
तय हो जाना	to be decided
आदत	(nf.) - habit
(V perfective obl) + बिना	without V-ing
एतराज़	(nm.) - objection
X को एतराज़ होना	for X to have an objection
आप चाहे जितना झूठ बोलें	'no matter how many lies you tell'
लेकिन, पर	but
रोज़-रोज़	daily
बरदाश्त करना	to tolerate
इजाज़त देना	to permit
आपको... मुझे झूठ बोलने की इजाज़त देनी होगी	'You will have to permit me to tell a lie.'

बात-बात में	constantly
परेशानी	(nf.) - trouble, worry
ख़बर	(nf.) - news, information
बूढ़ा	old
X के अतिरिक्त	besides X
घोड़ा	(nm.) - horse
कुत्ता	(nm.) - dog
प्यारा	dear
गला	(nm.) - throat
हड्डी	(nf.) - bone
फंस जाना	to get stuck
दुख	(nm.) - sadness
ईंट	(nf.) - brick
ढोना	to carry, to haul
वह तो ईंटें ढोते-ढोते मर गया	'he died (in the process of) carrying bricks all the time'
ढुलवाना	to cause a load to be carried
काटना	to cut
बात काटना	to interrupt
गुस्से में	in anger
चीखना	to shriek, scream
कब्र	(nf.) - grave
भला	after all, well
भला क्या आपकी माता जी की कब्र भी न बनती?	'How would it be possible that your mother's tomb wouldn't be built?'
चल बसना	(idiom) to die
आह भरना	to sigh
बहू	(nf.) - wife, a newly-wed woman
सास	(nf.) - mother-in-law
जीवित	alive
आंख	(nf.) - eye
फटना	to burst, break
आंखें फटी की फटी रह जाना	to be very surprised
भाग जाना	to run away
अरे	oh
दुश्मन	(nm.) - enemy
भागें आपके दुश्मनों की पत्नियाँ, वह क्यों भागती?	'May the wives of your enemies run away. Why would she run away?' (There's no possibility that she would run away.)

पुत्र	(nm.) - son
सहना	to bear, to stand
जैसे मियाँ जी पर पहाड़ ही टूट पड़ा	'it was as if a mountain fell on Miya ji'
आखिर	after all
होना क्या था, मालिक, बस समझ लीजिए कि मौत आ गई थी	'What was to happen?' (i.e. nothing really happend). 'Just take it that he was to die and he died.'
मौत	(nf.) - death
अच्छा-भला	hail and hearty
बैठे-बैठे	just like that
सिर	(nm.) - head
थामना	to hold, support
जब परिवार में कोई रहा ही नहीं	'if nobody in the family was left'
कारोबार	(nm.) - business
धन	(nm.) - wealth, money
बांटना	to distribute
पड़ोस	(nm.) - neighborhood
दुम	(nf.) - tail
हिलाना	to wag, shake
हिनहिनाहट	(nf.) - whinny, neigh
सुनाई देना	to be heard
पाना	to find
गुस्से से फट पड़ना	to burst out in anger
छड़ी	(nf.) - walking stick
मारना	to hit
दौड़ना	to run
बरबाद करना	to ruin, destroy
ज़मीन	(nf.) - the ground, earth
गाड़ना	to bury, to drive (into the ground)
शर्त	(nf.) - condition, term of agreement
न्याय	(nm.) - justice
कम्बख़्त	(lit: unfortunate) (used as a curse word in Hindi)

X के बिना 'WITHOUT X'

The postposition के बिना 'without' may follow a noun or a verb in Hindi. For example:

(1) उमा के बिना मैं खाना नहीं खाऊँगी।
    I will not eat without Uma.
(2) बच्चों के बिना घर सूना लगता है।
    The house looks (feels) empty without the children.
(3) वह मुझसे मिले बिना चला गया।

He left without seeing me.

(4) हर शाम संगीत सुने बिना उसको अच्छा नहीं लगता।

He does not feel right without listening to music every evening.

(5) चिट्ठी पढ़े बिना तुम्हें कैसे पता चलेगा कि उसमें क्या लिखा है।

Without reading the letter how would you know what is written in it.

Notice that के बिना follows nouns in (1) and (2) while it follows verbs in (3)-(5). (2) shows that a noun changes its form (i.e. becomes oblique) when it is followed by के बिना। The verbs in (3)-(5) are in their perfect participial form (oblique). As a general rule, when के बिना follows a verb, the verb is in its perfect participial form; oblique.

CULTURAL NOTES

भागें आप के दुश्मनों की पत्नियाँ, वह क्यों भागती?
(नौकर in झूठ और झूठ)

The literal meaning of the above expression is 'may the wives of your enemies run away. Why would she run away?'

The implied meaning is 'why would she run away?' i.e. 'she would never run away.' The servant uses the above expression to convey (a) मियाँ जी would never have to suffer the disaster of having his wife desert him, and (b) to express his wish that if such a disaster has to take place, then may मियाँ जी's enemies suffer it.

Expressions such as above are used in Hindi. e.g.

चोट लगे आप के दुश्मन को, आप की सेहत सलामत रहे। ।

'May your enemies be injured, may you enjoy good health for ever!'

The primary function of the above expressions is not to wish ill luck to the enemies of the hearer but rather (a) to wish good luck to the hearer and (b) to express the speaker's wish that if a disaster has to take place (since Destiny determines everything in the world) then may the hearer be spared it and may his enemies suffer it instead.

EXERCISES

A. PRONUNCIATION PRACTICE

दौड़-धूप	एतराज़	रोज़-रोज़
बरदाश्त	इज़ाज़त	परेशानी
ढलवाना	अच्छा-भला	कारोबार
हिनहिनाहट	शर्त	न्याय
	कम्बख़्त	

B. नीचे दिए हुए प्रश्नों के उत्तर हिंदी में दीजिए:

(a) क्या मियाँ जी को झूठ बोलने की आदत थी?
(b) जब नौकर ने मियाँ जी की नौकरी ली तब उसने (नौकर ने) मियाँ जी के साथ कौन-सी बात तय कर ली थी?
(c) जब मियाँ जी ने कुत्ते के और घोड़े के बारे में पूछा तब नौकर ने क्या कहा?
(d) क्या नौकर सच बोल रहा था?

C. HOMEWORK ASSIGNMENTS

I. Use the following expresions in your Hindi sentences:

(a) के बिना (b) बरदाश्त करना (c) X के अतिरिक्त (d) फँस जाना (e) (X की) आँखें फटी की फटी रह जाना (f) सुनाई देना (g) गुस्से से फट पड़ना (h) बरबाद करना

II. Fill in the blanks with the Hindi equivalent of the English given:

(a) जान को .... आदत है।

        telling lies

        washing his own clothes

        cooking

        studying

        drinking beer

(b) आपको मुझे .... इज़ाज़त देनी होगी। ।

        to go to India

        to study

        to ride a bike

        to do my work

(c) .... के अतिरिक्त उनके घर में उनकी माँ भी थी।

        children

        brother

        sisters

        father

        friend

(d) उनको .... ।

        will have to write letters

        will have to go to Paris

        will have to see their friends

        will have to come here

        will have to study hard

(e) भला .... बिना वह खाना कैसे खा सकती थीं।

        mother

        friends

        children

        him

        her brothers

III. Translate the following into Hindi:

(a) How could he go to India without her?

(b) After all, why did'nt he tell me the true story?

(c) Besides these two Siamese cats he has two big dogs.

(d) His father passed away last year.

(e) Sighing sadly he said, "How can I live without her?"

(f) John distributed the apples from his garden among his neighbours.

(g) Every evening one could hear the music coming from their house.

(h) The matter of the land was not decided yet.

IV. नौकर ने झूठ बातें कब और क्यों कहीं? उसके झूठ बोलने का नतीजा क्या हुआ?

Answer the above questions in Hindi in the context of the lesson ''झूठ और झूठ''

LESSON EIGHT: आठवाँ पाठ

शरणागत

वृन्दावनलाल वर्मा

रज्जब अपना रोज़गार करके ललितपुर लौट रहा था। साथ में स्त्री थी, और दो-तीन सौ की बड़ी रकम। मार्ग बीहड़ था, और सुनसान। ललितपुर क़ाफ़ी दूर था, बसेरा कहीं-न-कहीं लेना ही था, इसलिए उसने एक गांव में ठहर जाने का निश्चय किया। उसकी स्त्री को बुख़ार हो आया था, रकम पास में थी, और बैलगाड़ी किराये पर करने पर खर्च ज़्यादा पड़ता, इसलिए रज्जब ने उस रात आराम कर लेना ही ठीक समझा।

परन्तु ठहरता कहां? अपनी जाति छिपाने से काम नहीं चल सकता था। उसकी पत्नी नाक और कानों में चांदी की बालियां पहने थी, और पैजामा पहने थी। इसके सिवा गांव के बहुत-से लोग उसको पहचानते भी थे। वह उस गांव के बहुत-से पुराने और बेकार ढोर ले जा चुका था।

रज्जब ने अपने जानकारों से रात-भर रहने के लिए जगह की याचना की। किसी ने भी मंज़ूर न किया।

गांव में एक गरीब ठाकुर रहता था। थोड़ी-सी ज़मीन थी, जिसको किसान जोतते हुए थे, जिनका हल-बैल कुछ भी न था। छोटा-सा मकान था, परन्तु उसको गांव वाले ''गढ़ी'' के आदर-व्यंजक शब्द से पुकारा करते थे, और ठाकुर को डर के मारे ''राजा'' शब्द से सम्बोधित करते थे। रज्जब इसी ठाकुर के दरवाज़े पर अपनी ज्वर-ग्रस्त पत्नी को लेकर पहुंचा। ठाकुर पौर में बैठा हुक्का पी रहा था। रज्जब ने बाहर से ही सलाम करके कहा-''दाऊ जू, एक विनती है?''

ठाकुर ने बिना हिले-डुले पूछा—''क्या?''

रज्जब बोला—''मैं दूर से आ रहा हूँ। बहुत थका हुआ हूँ। मेरी औरत को ज़ोर से बुखार आ गया है। जाड़े में बाहर रहने से इसकी हालत और खराब हो जायगी, इसलिये रात-भर के लिए कहीं दो हाथ की जगह दे दी जाय।''

''कौन लोग हो?'' ठाकुर ने प्रश्न किया।

''हूँ तो कसाई।'' रज्जब ने सीधा उत्तर दिया। चेहरे पर उसके बहुत गिड़गिड़ाहट थी।

ठाकुर की आँखों में कठोरता छा गई। बोला—''जानता है, यह किसका घर है? यहां तक आने की हिम्मत कैसे की तूने?''

रज्जब ने आशा भरे स्वर में कहा—''यह राजा का घर है, इसलिए शरण में आया हूँ।

तुरन्त ठाकुर की आँखों से कठोरता ग़ायब हो गई। ज़रा नरम स्वर में बोला—''किसीने तुझको बसेरा नहीं दिया?''

''नहीं, महाराज'', रज्जब ने उत्तर दिया—''बहुत कोशिश की, परन्तु मेरे पेशे के कारण कोई नहीं माना।''

और वह दरवाज़े के बाहर ही, एक कोने में चिपटकर बैठ गया। पीछे उसकी पत्नी कराहती, काँपती हुई गठरी-सी बनकर सिमट गई।

ठाकुर ने कहा—"तुम अपनी चिलम लिए हो?"

"हाँ सरकार।" रज्जब ने उत्तर दिया।

ठाकुर बोला—"तब भीतर आ जाओ, और तमाखू अपनी चिलम से पी लो। अपनी औरत को भी भीतर कर लो। हमारी पौर के एक कोने में पड़े रहना।"

जब वे दोनों भीतर आ गए, ठाकुर ने पूछा—"तुम कब यहां से उठकर चले जाओगे?"

जवाब मिला—"अंधेरे में ही महाराज। खाने के लिए रोटियां बाँधे हूँ, इसलिए पकाने की ज़रूरत न पड़ेगी।"

"तुम्हारा नाम?"

"रज्जब।"

थोड़ी देर बाद ठाकुर ने रज्जब से पूछा—"कहां से आ रहे हो?"

रज्जब ने स्थान का नाम बतलाया।

"वहाँ किसलिए गए थे?"

"अपने रोज़गार के लिए।"

"काम तो तुम्हारा बहुत बुरा है।"

"क्या करूं? पेट के लिए करना ही पड़ता है।"

"क्या नफ़ा हुआ?" प्रश्न करने में ज़रा ठाकुर को संकोच हुआ, और प्रश्न का उत्तर देने में रज्जब को उससे बढ़कर।

रज्जब ने जवाब दिया—"महाराज, थोड़ा-सा कुछ मिल गया है।"

ठाकुर ने इसपर कोई ज़िद नहीं की।

रज्जब एक क्षण बाद बोला—"बड़े भोर उठकर चला जाऊंगा। तब तक बीवी की तबीयत भी अच्छी हो जाएगी।"

इसके बाद दिन भर के थके हुए पति-पत्नी सो गए। काफ़ी रात हुए कुछ लोगों ने एक बंधे इशारे से ठाकुर को बाहर बुलाया। फटी सी रज़ाई ओढ़े ठाकुर बाहर निकल आया। आगन्तुकों में से एक ने धीरे से कहा—"दाऊ जू, आज तो खाली हाथ लौटे हैं।"

ठाकुर ने कहा—"और ज़रूरत थी। ख़ैर, कल देखा जाएगा। क्या कोई उपाय किया था?"

"हां" आगन्तुक बोला—"एक कसाई रुपए बांधे इसी ओर आया है। परन्तु हम लोग ज़रा देर से पहुँचे। वह खिसक गया। कल देखेंगे। ज़रा जल्दी।"

ठाकुर ने घृणासूचक स्वर में कहा—"कसाई का पैसा न छुएंगे।"

"क्यों?"

"बुरी कमाई है।"

"उसके रुपयों पर कसाई थोड़े ही लिखा है?"

"परन्तु उसके व्यवसाय से वह रुपया दूषित हो गया है।"

"रुपया तो दूसरों का ही है। कसाई के हाथ में आने से रुपया कसाई नहीं हुआ।"

"मेरा मन नहीं मानता, वह अशुद्ध है।"

"हम अपनी तलवार से उसको शुद्ध कर लेंगे।"

ज़्यादा बहस नहीं हुई। ठाकुर ने कुछ सोचकर अपने साथियों को बाहर-का-बाहर ही टाल दिया। भीतर देखा, कसाई सो रहा था, और उसकी पत्नी भी।

45

ठाकुर भी सो गया।

सबेरा हो गया, परन्तु रज्जब न जा सका। उसकी पत्नी का बुख़ार तो हल्का हो गया था, परन्तु शरीर-भर में पीड़ा थी, और वह एक क़दम भी नहीं चल सकती थी।

ठाकुर उसे वहीं ठहरा हुआ देखकर कुपित हो गया। रज्जब से बोला—''मैंने ख़ूब मेहमान इकट्ठे किए हैं। गांव-भर थोड़ी देर में तुम लोगों को मेरी पौर में टिका हुआ देखकर तरह-तरह की बकवास करेगा। तुम बाहर जाओ, इसी समय।''

रज्जब ने बहुत विनती की मगर ठाकुर न माना। यद्यपि गांव-भर उसके दबदबे को मानता था, परन्तु अव्यक्त लोकमत का दबदबा उसके भी मन पर था। इसलिए रज्जब गांव के बाहर सपत्नीक एक पेड़ के नीचे जा बैठा, और हिन्दुओं को मन-ही-मन कोसने लगा। उसे आशा थी कि पहर-आध-पहर में उसकी पत्नी की तबीयत इतनी स्वस्थ हो जाएगी कि वह पैदल यात्रा कर सकेगी। परन्तु ऐसा न हुआ, तब उसने एक गाड़ी किराए पर कर लेने का निर्णय किया।

मुश्किल से एक चमार काफ़ी किराया लेकर ललितपुर गाड़ी ले जाने के लिए राज़ी हुआ। इतने में दोपहर हो गई। उसकी पत्नी को ज़ोर का बुख़ार हो आया। वह जाड़े के मारे थर-थर काँप रही थी, इतनी कि रज्जब की हिम्मत उसी समय ले जाने की न पड़ी। चलने में अधिक हवा के लगने के भय से रज्जब ने उस समय तक के लिए यात्रा को स्थगित कर दिया, जब तक कि उस बेचारी की कम से कम कंपकंपी बन्द न हो जाए।

घण्टे-डेढ़-घण्टे तक उसकी कंपकंपी तो बन्द हो गई, परन्तु ज्वर बहुत तेज़ हो गया। रज्जब ने अपनी पत्नी को गाड़ी में डाल दिया, और गाड़ीवान से जल्दी चलने को कहा।

गाड़ीवान बोला—''दिन भर तो यहीं लगा दिया। अब जल्दी चलने को कहते हो।''

रज्जब ने मिठास के स्वर में उससे फिर जल्दी करने के लिए कहा।

वह बोला—''इतने किराए में काम नहीं चल सकेगा। अपना रुपया वापस लो। मैं तो घर जाता हूँ।''

रज्जब ने दांत पीसे। कुछ क्षण चुप रहा। सचेत होकर कहने लगा—''भाई, आफ़त सबके ऊपर आती है। मनुष्य, मनुष्य को सहारा देता है, जानवर तो देते नहीं। तुम्हारे भी बालबच्चे हैं। कुछ दया के साथ काम लो।''

कसाई को दया पर व्याख्यान देते सुनकर गाड़ीवान को हंसी आ गई।

उसको टस से मस न होता देखकर रज्जब ने और पैसे दिए। तब उसने गाड़ी हांकी।

पांच-छः मील चलने के बाद सन्ध्या हो गई। गांव कोई पास में न था। रज्जब की गाड़ी धीरे-धीरे चली जा रही थी। उसकी पत्नी बुखार में बेहोश-सी थी। रज्जब ने अपनी कमर टटोली। रक़म सुरक्षित बंधी पड़ी थी।

रज्जब को स्मरण हो आया कि पत्नी के बुखार के कारण पैसे कुछ कम हो गए हैं—और स्मरण हो आया—गाड़ीवान का वह हठ, जिसके कारण उसको कुछ पैसे व्यर्थ ही देने पड़े थे। उसे गाड़ीवान पर क्रोध था, परन्तु उसको प्रकट करने की उस समय उसके मन में इच्छा न थी।

बातचीत करके रास्ता काटने की कामना से उसने वार्तालाप आरम्भ किया।

''गांव तो यहां से दूर मिलेगा?''

''बहुत दूर। वहीं ठहरेंगे।''

''किसके यहां?''

''किसी के यहां भी नहीं। पेड़ के नीचे। कल सवेरे ललितपुर चलेंगे।''

''कल का फिर पैसा मांग उठना।''

''कैसे मांग उठूंगा। किराया ले चुका हूं। अब फिर कैसे मांगूंगा?''

''जैसे आज गांव में हठ करके मांगा था। बेटा! ललितपुर होता तो बतला देता।''

''क्या बतला देते? क्या मुफ़्त गाड़ी में बैठना चाहते थे?''

''क्यों बे, रुपए देकर भी मुफ़्त का बैठना कहता है? जानता है, मेरा नाम रज्जब है। अगर बीच में गड़बड़

करेगा तो साले यहीं छुरे से काटकर कहीं फेंक दूंगा। और गाड़ी लेकर ललितपुर चल दूंगा।''

रज्जब क्रोध को प्रकट करना नहीं चाहता था, परन्तु शायद अकारण ही वह प्रकट हो गया।

गाड़ीवान ने इधर-उधर देखा। अंधेरा हो गया था। चारों ओर सुनसान था। आसपास झाड़ियां खड़ी थीं। रज्जब की बात सुनकर उसकी हड्डी कांप गई। ऐसा जान पड़ा मानों पसलियों में उसकी ठण्डी छुरी छू रही हो।

गाड़ीवान चुपचाप बैलों को हाँकने लगा। उसने सोचा—गांव आते ही गाड़ी छोड़कर नीचे खड़ा हो जाऊंगा और हल्ला-गुल्ला करके गांव वालों की मदद से अपना पीछा रज्जब से छुड़ाऊंगा। रुपए-पैसे भले ही वापस कर दूंगा परन्तु और आगे न जाऊंगा। कहीं सचमुच मार्ग में मार डाले।

गाड़ी थोड़ी दूर और चली होगी कि बैल ठिठककर खड़े हो गए। रज्जब सामने नहीं देख रहा था, इसलिए ज़रा अकड़कर गाड़ीवान से बोला—''क्यों बे बदमाश, सो गया क्या?''

अधिक कड़क के साथ सामने रास्ते पर खड़ी हुई एक टुकड़ी में से किसी के कठोर कण्ठ से निकला—''खबरदार, जो आगे बढ़ा।''

रज्जब ने सामने देखा, चार-पांच आदमी बड़े-बड़े लट्ठ बांधकर न जाने कहां से आ गये हैं। उनमें से तुरन्त ही एक ने बैलों की जुआरी पर एक लट्ठ पटका और दो दांए-बाएं आकर रज्जब पर आक्रमण करने को तैयार हो गए।

गाड़ीवान गाड़ी छोड़कर नीचे जा खड़ा हुआ। बोला—''मालिक, मैं तो गाड़ीवान हूँ। मुझ से कोई सरोकार नहीं।''

''यह कौन है?''-एक ने गरजकर पूछा।

गाड़ीवान की घिग्घी बंध गई। कोई उत्तर न दे सका।

रज्जब ने कमर की गांठ को एक हाथ से संभालते हुए बहुत ही विनम्र स्वर में कहा—''मैं बहुत ग़रीब आदमी हूँ। मेरे पास कुछ नहीं है। मेरी औरत गाड़ी में बीमार पड़ी है। मुझे जाने दीजिए।''

उन लोगों में से एक ने रज्जब के सिर पर लाठी उबारी। गाड़ीवान खिसकना चाहता था कि दूसरे ने उसको पकड़ लिया।

अब उसका मुंह खुला। बोला—''महाराज मुझको छोड़ दो। मैं तो किराए पर गाड़ी लिए जा रहा हूँ। मेरे पास खाने के लिए तीन-चार आने पैसे ही हैं।''

''और यह कौन है? बतला।'' उन लोगों में से एक ने पूछा।

गाड़ीवान ने तुरन्त उत्तर दिया, ''ललितपुर का एक कसाई।''

रज्जब के सिर पर जो लाठी उठाई गई थी, वह वहीं रह गई। लाठीवाले के मुंह से निकला—''तुम कसाई हो? सच बतलाओ।''

''हाँ, महाराज,'' रज्जब ने सहसा उत्तर दिया—''मैं बहुत गरीब हूँ। हाथ जोड़ता हूँ, मुझको मत सताओ। मेरी औरत बीमार है।''

औरत ज़ोर से कराही।

लाठीवाले उस आदमी ने कहा (अपने साथी के कान में)-''इसका नाम रज्जब है। छोड़ो, चलें यहाँ से।''

उसने न माना। बोला—''इस की खोपड़ी चकनाचूर करो दाऊ जू यदि ऐसे न माने तो—असाई-कसाई हम कुछ नहीं मानते।''

''छोड़ना ही पड़ेगा'', उसने कहा—''इस पर हाथ नहीं उठाएंगे, न इसका पैसा छुएँगे।''

दूसरा बोला—''क्या कसाई होने से? दाऊ जू, आज तुम्हारी बुद्धि पर पत्थर पड़ गए हैं, मैं देखता हूँ।'' और तुरन्त लाठी लेकर गाड़ी में चढ़ गया। लाठी का एक सिरा रज्जब की छाती में अड़ाकर उसने तुरन्त रुपया-पैसा निकाल दे देने का हुक्म दिया। नीचे खड़े हुए एक व्यक्ति ने ज़रा तीव्र स्वर में कहा—''नीचे उतर आओ। उससे मत बोलो। उसकी औरत बीमार है।''

पर गाड़ी पर चढ़े हुए लठैत ने यह अनसुनी कर रज्जब को फिर धमकी दी।

नीचे खड़े हुए उस व्यक्ति ने कहा—"खबरदार जो इसे छुआ। नीचे उतरो, नहीं तो तुम्हारा सिर चूर किए देता हूँ। वह मेरी शरण आया था।"

गाड़ीवान लठैत नीचे उतर आया।

नीचेवाले व्यक्ति ने कहा—"सब लोग अपने-अपने घर जाओ। राहगीरों को तंग मत करो।"

फिर गाड़ीवान से बोला—"जा रे, हांक ले जा गाड़ी। ठिकाने पर पहुंचा आना, तब लौटना। नहीं तो अपनी खैर मत समझियो। और तुम दोनों में से किसी ने भी कभी इस बात की चर्चा कहीं की तो भूसी की आग में जलाकर खाक कर दूंगा।"

गाड़ीवान गाड़ी लेकर बढ़ गया। उन लोगों में से जिस आदमी ने गाड़ी पर चढ़कर रज्जब के सिर पर लाठी तानी थी, उसने क्षुब्ध स्वर में कहा—"दाऊजू, आगे से कभी आपके साथ न आऊंगा।"

दाऊजू ने कहा—"न आना। मैं अकेले ही बहुत कर गुजरता हूं। परन्तु बुन्देला शरणागत के साथ घात नहीं करता, इस बात को गांठ बांध लेना।"

शरणागत

शरणागत	(nm.) - seeker of protection, one who has come for shelter
रज्जब	Rajjab (name)
रोज़गार	(nm.) - business, profession
ललितपुर	Lalitpur (a town in U.P. between Jhansi and Bhopal)
स्त्री	(nf.) - woman
रक़म	(nf.) - amount (of money)
बीहड़	difficult (terrain)
सुनसान	lonely (place)
बसेरा	(nm.) - shelter
कहीं-न-कहीं	somewhere or other
निश्चय करना	to decide
V-ने का निश्चय करना	to decide to V
बुख़ार	(nm.) - fever
बैलगाड़ी	(nf.) - bullock cart
किराए पर करना	to hire, rent (modes of transportation)
परन्तु ठहरता कहां	'But where should he stay?'
खर्च	(nm.) - expense
जाति	(nf.) - caste
छिपाना	to hide
काम चलना	to work (in the sense: 'It wouldn't work.')
नाक	(nf.) - nose
कान	(nm.) - ear

चांदी	(nf.) - silver
बाली	(nf.) - earrings
पैजामा	(the loose pants of a traditional Muslim woman's apparel)
उसकी पत्नी.... पहने थी	(Traditionally, only Muslim women wore such items of clothing and jewelry)
X के सिवा	in addition to, besides X
बेकार	useless
ढोर	(nm.) - cattle, (mostly bullocks, cows, buffaloes)
जानकार	people known to one
X की याचना करना	to request X
मंजूर करना	to accept
ठाकुर	(nm.) - Thakur (a man of the Ksatriya caste)
किसान	(nm.) - farmer
जोतना	to plow
हल	(nm.) - plow
बैल	(nm.) - bullock, ox
गढ़ी	(nf.) - fort
आदर-व्यंजक	honorific
आदर	(nm.) - respect
व्यंजक	that which expresses
पुकारना	to address
X को Y के नाम से पुकारना	to address X as Y
छोटा-सा मकान..... सम्बोधित करते थे।	"It was a sort of small house, but the villagers referred to it with the respectful term 'fort' and out of fear they referred to Thakur as 'Raja."
डर	(nm.) - fear
सम्बोधित करना	to address
ज्वर	(nm.) - fever
ग्रस्त	one who is gripped by
ज्वर-ग्रस्त	one who is suffering from fever
पौर	(nm.) - enclosed front porch
हुक्का	(nm.) - water pipe, hubble-bubble
हुक्का पीना	to smoke a water pipe
सलाम करना	to greet (Muslim way), to salute
दाऊ जू	(term of address, meaning 'elder brother') (जू is Bundeli dialect word for जी)
विनती	(nf.) - request
हिलना-डुलना	to move
जाड़ा	(nf.) - cold, winter

49

हालत	(nf.) - condition
रात-भर	all night
दो हाथ की जगह	'a small place'
हाथ	(a measurement of 18 inches)
कौन लोग हो	'What caste are you?'
कसाई	(nm.) - butcher
सीधा	straightforward
चेहरा	(nm.) - face
गिड़गिड़ाहट	(nf.) - servility
कठोरता	(nf.) - harshness
छा जाना	to spread over
हिम्मत	(nf.) - boldness, audacity
आशा	(nf.) - hope
भरना	to fill
स्वर	(nm.) - voice
शरण में आना	to come under someone's protection (The Rajputs were known for their kindness and total loyalty to one who sought their protection even if he were an enemy)
तुरन्त	immediately
गायब हो जाना	to disappear
जरा	a bit
नरम	soft
पेशा	(nm.) - occupation
मानना	to agree
कोना	(nm.) - corner
चिपटना	to cling to, hug
कराहना	to groan
कांपना	to tremble
गठरी	(nf.) - bundle (of clothes)
सिमटना	to shrink up
चिलम	(nf.) - a mud tube-like pipe used for smoking tobacco, hashish, etc.
भीतर	inside
अंधेरा	(nm.) - darkness
बांधना	to tie up
बतलाना	to tell
पेट	(nm.) - stomach
नफा	(nm.) - profit

संकोच	(nm.) - embarrassment
उससे बढ़कर	'even more than that'
ज़िद करना	to insist
क्षण	(nm.) - a moment
भोर	(nf.) - dawn
बीवी	(nf.) - wife
काफ़ी रात हुए	'after a great part of the night had passed'
बंधा	fixed
इशारा	(nm.) - signal, gesture
रज़ाई	(nf.) - quilt
ओढ़ना	to wrap around oneself
आगंतुक	newcomer
खाली हाथ	empty handed
खैर	'well, anyhow'
देखा जाएगा	'we'll see'
उपाय करना	to do something, to get something done
रुपए बांधे	with money (tied to his waist)
खिसक जाना	to slip away
घृणा	(nf.) - hatred
सूचक	that which expresses
घृणा-सूचक	expressing hatred
छूना	to touch
कमाई	(nf.) - earnings
उसके रुपयों....... लिखा है	'His money is not marked as belonging to a butcher, is it?'
थोड़े ही	hardly (usually signals protest and negation together)
व्यवसाय	(nm.) - business
दूषित	polluted, impure
अशुद्ध	impure
तलवार	(nf.) - sword
शुद्ध करना	to purify
बहस	(nf.) - argument
साथी	(nm.) - companion, comrade
बाहर-का-बाहर	from outside
टाल देना	to get rid of
बाहर-का-बाहर...... टाल दिया	'He got rid of them without inviting them to come in the house.'
सबेरा	(nm.) - morning, daybreak

बुख़ार हल्का हो जाना	for a fever to come down
शरीर	(nm.) - body
पीड़ा	(nf.) - pain
कदम	(nm.) - step
कुपित	angry
मेहमान	(nm.) - guest
इकट्ठा करना	to gather
मैंने खूब मेहमान इकट्ठे किए हैं	'I've put up some strange guests!'
टिकना	to stay
तरह-तरह की	of all kinds
बकवास	(nf.) - nonsense
यद्यपि	although
दबदबा	(nm.) - authority, awe, pressure
अव्यक्त	unexpressed
लोक-मत	(nm.) - public opinion [Butchers, in fact all Muslims, were regarded as untouchables by caste Hindus.]
दबदबा...... उसके भी मन पर था	'The pressure of public opinion affected his mind too.'
सपत्नीक	with wife
मन-ही-मन	in one's heart, silently
कोसना	to wish ill of someone
पहर-आध-पहर	in a few hours
स्वस्थ हो जाना	to recover, become healthy
पैदल	on foot
यात्रा करना	to travel
निर्राय करना	to decide
मुश्किल	(nf.) - difficulty
चमार	(nm.) - cobbler (a caste)
राज़ी होना	to agree to
इतने में	in the meanwhile
हवा	(nf.) - wind, air
भय	(nm.) - fear
स्थगित	postponed
कम-से-कम	at least
कंपकंपी	(nf.) - shivering, trembling
बन्द हो जाना	to stop
रज्जब ने उस समय तक...... बन्द न हो जाए	'Rajjab postponed the trip until (the time when) at least the poor woman's shaking would stop.'

घंटे-डेढ़-घंटे तक	'for an hour or an hour and a half'
तेज़	high, severe
गाड़ीवान	(nm.) - cart driver
मिठास	(nf.) - sweetness
दांत पीसना	to gnash one's teeth
चुप रहना	to remain silent
सचेत होना	to realize one's situation, predicament
आफ़त	(nf.) - calamity, trouble
मनुष्य	(nm.) - man, human
सहारा देना	to support, help
जानवर	(nm.) - animal
बाल-बच्चे	(nm.) - children
दया	(nf.) - pity, mercy
काम लेना	handle things, act
कुछ दया के साथ काम लो	'handle things with more kindness'
व्याख्यान	(nm.) - lecture
हंसी	(nf.) - laughter
टस-से-मस न होना	not to move from one's position
हांकना	to urge animals to move
सन्ध्या	(nf.) - evening
बेहोश	unconscious
कमर	(nf.) - waist
टटोलना	to feel with fingers
सुरक्षित	safe (well-protected)
बंधना	to be tied
स्मरण हो आना	to remember
हठ	(nf.) - obstinacy, stubbornness
व्यर्थ	uselessly
क्रोध	(nm.) - anger
प्रकट करना	to express
इच्छा	(nf.) - wish, desire
रास्ता काटना	to pass the time on a trip
कामना	(nf.) - wish, desire
वार्तालाप	(nm.) - conversation
आरम्भ करना	to start
मांग उठना	to ask for
किराया	(nm.) - fare
बेटा	(mode of address to threaten someone)
तो बता देता	'would have taught you a lesson'

मुफ्त	free of charge
बे	(like रे, used in addressing people in a pejorative sense)
साला	(nm.) - brother-in-law, ('wife's brother' - used as an abuse)
गड़बड़ करना	to cause trouble
छुरा	(nm.) - a dagger
फेंकना	to throw down
अकारण	without reason
आसपास	nearby
झाड़ी	(nf.) - hedge
पसली	(nf.) - rib
छुरी	(nf.) - knife
छूना	to touch
छोड़ना	to abandon, to leave
हल्ला-गुल्ला करना	to create a racket by shouting, screaming
पीछा छुड़ाना	to get rid of a nuisance
भले ही	'if it comes to that'
कहीं..... V + optative	if...., then
कहीं..... मार डाले	'If he really kills me. then.....'
गाड़ी थोड़ी दूर और चली होगी, कि......	'The cart had probably gone a bit further, when.....'
ठिठकना	to come to a stop in jerks
अकड़ना	to be arrogant
बदमाश	(nm.) - rogue (a term of abuse)
कड़क	(nf.) - crack (of lightning)
टुकड़ी	(nf.) - band (of robbers)
कठोर	hard
कंठ	(nm.) - throat, voice
खबरदार	'watch out! I warn you!'
खबरदार, जो आगे बढ़ा	'Don't you dare move forward.!'
लट्ठ	(nm.) - stick
लट्ठ बांधकर	equipped with sticks
न जाने	'who knows'
जुआरी	(nf.) - yoke
पटकना	to throw down
दांए-बांए आकर	'coming up on the left and right'
आक्रमण करना	to attack
मालिक	(nm.) - master
सरोकार	(nm.) - connection

मुझसे.... है	'This has nothing to do with me.'
गरजना	to roar
घिग्घी बंधना	to be speechless with terror
गांठ	(nf.) - knot (here: packet of money tied to his waist)
संभालना	to secure, take care of
विनम्र	humble
स्वर	(nm.) - voice
लाठी [× लट्ठ]	(nf.) - a stick
लाठी उबारना	to raise a stick to hit
खिसकना	to slip away
मुंह	(nm.) - mouth
सताना	to torment
खोपड़ी	(nf.) - skull
चकनाचूर करना	to break into pieces
असाई-कसाई	'a butcher or that sort of person'
असाई-कसाई .... मानते	'So what if he is a butcher. We don't believe in that sort of stuff. [ie: caste, etc.]
X पर हाथ उठाना	to hit X, to raise a hand to X
क्या, कसाई होने से?	'Why? Just because he's a butcher?'
बुद्धि पर पत्थर पड़ना	to lose one's senses
चढ़ना	to climb up onto
सिरा	(nm.) - end
छाती	(nf.) - chest
अड़ाना	to jam
हुक्म देना	to order
व्यक्ति	(nm.) - person, individual
तीव्र	sharp
उतरना	to get down
लठैत	one who wields a stick
अनसुनी करना	to pay no heed
धमकी देना	to threaten
चूर करना	to pulverize
राहगीर	(nm.) - wayfarer, traveller
तंग करना	to pester, hassle
ठिकाना	(nm.) - destination
खैर	(nf.) - well-being
अपनी खैर मत समझियो	'You will not be sure of your well-being. 'समझियो' is Bundeli dialect expression for समझो
चर्चा करना	to mention

भूसी	(nf.) - chaff
खाक	(nf.) - ashes
बढ़ जाना	to move forward
तानना	to stretch
लाठी तानना	to raise a stick
क्षुब्ध	annoyed
आगे से	in future
बहुत कर गुज़रता हूं	'I accomplish a great deal.'
बुन्देला	a Rajput from Bundelkhand, an area in northern Madhya Pradesh
घात करना	to deceive, to betray
गांठ	(nf.) - knot
गांठ बांध लेना	to tie a knot (in order to remember forever)

CONDITIONAL CLAUSE

The optative form of the verb is used in the conditional clause in the following way (note that it is not necessary to use अगर or यदि "if" with the subordinate clause):

1. राम आए तो उसे रोक लेना।
   If Ram comes, persuade him to stay.
2. (अगर) आप चाहें तो हम अभी चलेंगे।
   If you wish, we will leave immediately.
3. वह बुलाए तो पीटर भी आ सकता है।
   If he invites (him) Peter also may be able to come.
4. आप कहें तो हम अभी दुकान उठा दें।
   If you ask us to, we will close the shop immediately.
5. तुम कहो तो हम पीटर को बुला लें।
   If you tell us to, we will invite Peter.
6. दो-चार मिनट बैठें तो चाय बन जाएगी।
   If you wait for a minute or two, the tea will be ready.
7. सतीश की शादी हो जाए तो उसकी माँ बनारस जाएँ।
   If Satish gets married, his mother may go to Banaras.
8. चाहो तो रामू को बाज़ार भेज दो।
   Send Ramu for shopping if you wish.
9. मेनका चाहे तो जल्दी आ सकती है।
   Menaka can come home early if she wishes to.
10. यह काम पूरा हो जाए तो हम सैर को जा सकेंगे।
    We will be able to go out on a trip if this job gets done.
11. मैं न जाऊँ तो सभी नाराज हो जाएँगे।
    Everyone will be angry if I don't go.

Notice that the pattern is as follows:

   Conditional clause   +   main clause

optative	+	a. optative
		b. modal
		in the imperfective or
		future
		c. imperative
		d. future

The a and b patterns mean: the entire thing is hypothetical, i.e., in case the condition is fulfilled, it is possible the action/process expressed by the main clause will be completed, too. The c and d patterns mean: in case the condition is fulfilled, there is greater likelihood (as compared to a and b) that the action/process expressed by the main clause will be completed.

NOTES:

I. ठाकुर

The story शरणागत focuses on the character of ठाकुर who lives in Bundelkhand, an area in Northern Madhyapradesh. ठाकुर belongs to the community of **Rājpūts** who are traditionaly well-known for their skill as warriors and their generosity as well as kindheartedness. A majority of **Rājpūts** in Madhyapradesh are landlords at present. The story is about ठाकुर who owned a great deal of property at one point in time but has lost it and has become a dacoit who earns his living by looting travelers, etc. Although he is not a rich man anymore, ठाकुर is still proud of his heritage as a **Rājpūts**, and feels obligated to live by the traditional belief of a **Rājpūt**, i.e., a Rajput should never betray someone who had come to him for protection.

II. जाति Caste

The complex system of caste in India includes more than three thousand real castes, sub-castes, mixed castes, etc. The origin of this system is in the Brahmanic-Hindu way of life. The essence of a stable society, according to the old Hindu scriptures (Bhagavadgita and Manus-smrti) consisted in the proper functioning of the four classes (varnas) known as **Brāhmaṇa, Kṣatriya, Vaiśya**, and **Śūdra**. Each class had its own set of duties and obligations (**sva-dharma**) and for the sake of the solidarity and progress of society as a whole each class was expected to perform those duties. Manusmrti (8: 123-24) mentions the following duties for the four classes:

(a) **Brāhmaṇa**: Teaching, studying, performing sacrificial rites.
(b) **Kṣatriya**: Protection of the people, giving wealth, performance of sacrificial rites.
(c) **Vaiśya**: Tending of cattle, trade and commerce.
(d) **Śūdra**: Service of the other three classes.

Although 'occupation/profession' was the major factor in determining the class of a person, later it was determined by birth in a particular class. Several other factors such as mixed marriages etc. must have contributed to the emergence of the complex caste system in India.

Below the society of 'caste systems' there are 'excluded' castes, whose contact, shadow or even sight was considered polluting. They performed impure work such as scavenging, disposing of dead, leather work, slaughtering of animals. Usually those who belonged to these castes used to live outside of the villages/cities.

Although a rigid caste system where the brahmins are considered to be at the top and the 'outcastes' are at the bottom level is gradually disappearing in the cities, it is still maintained in the villages and in a number of traditional communities.

रज्जब in our story is a Muslim butcher (an outcaste) and therefore is having a hard time finding shelter for the night.

III. Religion

India is a secular country. There are four major religions followed by the people in India. Those four religions are, Hinduism, Islam, Christianity, and Buddhism.

GRAMMATICAL NOTES

I. भले ही 'even if'

Hindi uses the expression भले ही where in English the expression 'even if' is used. Consider the following examples:

(1) वह भले ही भारत जाए, मैं नहीं जाऊँगा।
Even if he goes to India, I will not go.

(2) जान भले ही भारतीय खाना पकाता हो पर वह भारतीय लोगों के बारे में कुछ नहीं जानता।
Even if John cooks Indian food he knows nothing about Indian people.

Notice that the sentence in which the expression भले ही occurs, is in the optative mood.

II. कहीं ___ न

Hindi uses the combination of कहीं ___ न where English uses the sentence 'I am afraid ___' Consider the following Hindi sentences and their English translation:

(1) पाँच बज रहे हैं, कहीं वह घर न चला गया हो।
It is five o'clock, **I am afraid,** he might have gone home.

(2) आज सुरेश दफ़्तर नहीं आया, कहीं उसकी तबियत खराब न हो।
Suresh did not come to the office today, **I am afraid** he might be sick.

(3) उसके घर में अंधेरा है, कहीं वह शहर छोड़कर बाहर न गया हो।
His house is dark (i.e. there is no light in his house), **I am afraid** he might have gone out of town.

Both कहीं ___ न (Hindi) and **I am afraid** are semantically similar to each other in that they express (a) the speaker does not want the act [expressed by the verb in the sentence (Hindi)/following sentence (English)], to take place and (b) the speaker's speculation that the undesirable act might have taken place.

The above two differ from each other in that, Hindi uses the negative participle न although the meaning is not negative, while English does not use negative in the above context. Thus (1) **can not** be translated as 'It is five o'clock, I am afraid, he might **not** have gone home!'

It is possible that Hindi uses न in the above context in order to express the negative attitude of the speaker toward the act.

III. समझियो is an imperative form in Bundeli dialect of Hindi. Although phonologically it is similar to the form समझिये in standard Hindi, समझियो 'please understand, know' is used with the pronoun तुम in Bundeli dialect. However, in standard Hindi समझिये is not used with तुम; it is used with आप.

EXERCISES

A. PRONUNCIATION PRACTICE

शरणागत	रोज़गार	बीहड़
बैलगाड़ी	जानकार	मंज़ूर
आदर-व्यंजक	सम्बोधित करना	ज्वर
गिड़गिड़ाहट	कठोरता	हिम्मत
कराहना	आगंतुक	घृणा
व्यवसाय	दूषित	तलवार
टाल देना	पीड़ा	बकवास
मिठास	कंपकंपी	व्याख्यान
टटोलना	सुरक्षित	स्मरण
वार्तालाप	ठिठकना	खबरदार
आक्रमण	संभालना	राहगीर
चर्चा	क्षुब्ध	गांठ

B. नीचे दिए हुए प्रश्नों के उत्तर हिंदी में लिखिए:

(a) रज्जब ने रात-भर गाँव में ठहर जाने का निश्चय क्यों किया?
(b) रज्जब को किसी गाँव वाले ने रहने के लिए जगह क्यों नहीं दी?
(c) ठाकुर कौन था? गाँव वाले ठाकुर से क्यों डरते थे?
(d) क्या ठाकुर ने रज्जब को अपने घर में जगह दी?
(e) 'कसाई का पैसा न छुएँगे।' ठाकुर ने ऐसा क्यों कहा?
(f) जब गाड़ीवान रज्जब को ललितपुर ले जा रहा था तब रास्ते में क्या हुआ?
(g) ठाकुर ने लाठीवाले आदमियों को रज्जब को क्यों नहीं मारने दिया?
(h) लेखक ने कहानी का शीर्षक 'शरणागत' क्यों रखा है?

C. क्या ठाकुर दयालु आदमी था? 'शरणागत' कहानी के आधार पर ठाकुर के स्वभाव का वर्णन कीजिए।

D. HOMEWORK ASSIGNMENTS

I. Focus: (a) Conjuntive participles
(b) Past habitual
(c) Passive

Fill in the blanks with the Hindi equivalent of the English given:

(a) राम .... घर आया।
after seeing the movie
after studying for a long time
after doing his work
after eating his dinner at the hotel

(b) गाँव में .... रहता था।

    a lot of people

    his parents

    my friends' relatives

    who

    my family

    some thieves

    these women

(c) मुझसे .... ।

    (1) letter are not written (by me)

        can not be written

    (2) stories are not told (by me)

        can not be told

    (3) money is not given   (by me)

        can not be given

    (4) clothes will not be washed (by me)

        can not be washed

    (5) movie was not seen (by me)

II. (i) Transform the following sentences as directed:

   (ii) Translate the transformed sentence into English.

   (a) तुमने सारा काम कर लिया। (Imperative)

   (b) लोगों ने ठाकुर की बात मानी। (past habitual)

   (c) वह कल शिकागो नहीं गया। (सकना)

   (d) मैंने लाठी नहीं उठाई। (Passive)

   (e) रमेश ने सुधा को एक हज़ार रुपये दे दिए। (negative)

III. Transform the following sentences into the past habitual tense:

   (a) मैंने हिंदी की किताबें पढ़ीं।

   (b) क्या तुम इस होटल में रुके?

   (c) उसने कुछ भी काम नहीं किया।

   (d) हमारे घर के ठीक सामने शर्मा जी रहते हैं।

   (e) राम रोज़ सुबह दफ़्तर जाता है।

IV. Transform the following into negative sentences:

   (Focus: Negation of compound verbs)

   (a) मैंने कुछ किताबें खरीद लीं।

   (b) तुम खाना खा लो।

   (c) क्या तुमने कपड़े बदल लिए?

   (d) उसको कुछ पैसे दे दो।

   (e) कल शाम की गाड़ी से वह चला गया।

I. Transform the following sentences according to the model given:

(Focus: Passive)

मैंने रोटी नहीं खाई। → (मुझसे) रोटी नहीं खाई गई।

(a) इसपर हम हाथ नहीं उठाएँगे।
(b) लोगों ने उसपर लाठी उठाई।
(c) लठैत ने रज्जब को धमकी दी।
(d) मैं आगे से कभी आपके साथ नहीं आऊँगा।
(e) बुन्देला शरणागत के साथ घात नहीं करता।

VI. Use the following idioms in your Hindi sentences:

(a) काम चलना   (b) गायब हो जाना
(c) टस-से-मस न होना
(d) घिग्घी बंधना   (e) गांठ बांध लेना
(f) घात करना

LESSON NINE: नवाँ पाठ

सुबह, दोपहर और शाम

बिंदु सिन्हा

सवेरे बच्चों को स्कूल के लिए तैयार करना,
दोपहर को घर की सफाई करना, शाम को खाना
बनाना, और बच्चों के सो जाने के बाद सुरेश से
थोड़ी देर तक बातें करना - सुनीता का ज़िंदगी का
यही क्रम बन चुका था, लेकिन एक दिन....

आलोक और रंजना स्कूल के लिए तैयार थे। उन्हें टिफिन का डब्बा देकर सुनीता ने सुरेश को पुकारा, ''ज़रा इन्हें बस तक छोड़ आओ न, मुझे आपकी कमीज़ प्रेस करनी है।''

सुरेश कोई दिलचस्प किताब पढ़ रहा था। सिर झुकाए हुए ही बोला, ''तुम्हीं चली जाओ। अभी समय है। आकर कमीज़ प्रेस कर देना।''

सुनीता झल्लाई नहीं। मुसकराकर उसने रंजना का हाथ पकड़ लिया और दरवाज़े की ओर बढ़ गई।

''मम्मी, हमें टाफ़ियां ले दो न,'' रंजना ने हंसकर कहा, तो सुनीता ने उस की पीठ थपथपा दी। ''नहीं बेटे, अच्छे बच्चे स्कूल जाते समय टाफ़ियां नहीं खाते।''

बच्चों को बस में चढ़ाकर उसने 'टाटा' किया और घूम पड़ी। उसे याद आया, गाजर और नीबू ले लें। सलाद के बिना सुरेश को खाना अच्छा नहीं लगता।

सुबह छः बजे शुरू होता है सुनीता का घर का काम। सुरेश को बिस्तर पर ही चाय चाहिए। छः वर्ष के आलोक और चार वर्ष की रंजना का हर काम वह खुद देखती है। उनका मुंह-हाथ धुलाना, बाल ठीक करना, स्कूल के लिए उन्हें तैयार करना, और होम-वर्क में उनकी मदद करना उसके दिन में उसी तरह शामिल हैं, जैसे खाना बनाना और घर की सफाई करना। सुबह छः से 12 बजे तक वह लगातार काम में लगी रहती है। काम करते-करते वह सोचती है कि घर-परिवार, पति, बच्चे, यही जीवन का अर्थ है।

पर फिर सोचते-सोचते उसे लगता है, ''क्या यह सच है? क्या यही जीवन का अर्थ है?'' हाथ फैलाकर वह ऊपर आकाश की ओर देखती है, लेकिन ऊपर आकाश नहीं, कमरे की छत है, जिससे पंखा लटक रहा है। उसके चारों ओर दीवारों का घेरा है, जिसपर छत टिकी है।

वह खिड़की पर आ जाती है। सामने गंधर्व महाविद्यालय है। एक लड़की फाटक से निकलकर दाईं ओर मुड़ जाती है। कोल-तार की काली सड़क पर लड़की की छोटी छाया दिखाई पड़ती है, बिलकुल उसके पांवों के पास। उसे लगता है, वह स्वयं दोपहर की छाया है, जिसका कोई अस्तित्व नहीं।

''टन!'' वह घड़ी की ओर देखती है। कमरे में घुटन-सी महसूस होती है। लगता है, कोल-तार की काली सड़क उसे बुला रही है। उसे लगता है, ''कितनी आज़ादी है वहां! सड़क पर चलने वाला हर आदमी अपने-आप के प्रति उत्तरदायी होता है। चलनेवाले की राह कोई नहीं रोकता।''

सुनीता के पांव अनायास दरवाज़े की ओर बढ़ गए। उसे पता नहीं चला कि कब वह कमरे से बाहर निकली, कब दरवाज़े में ताला लगाया, और कैसे वह सड़क पर आ गई। वह चलती गई, चलती गई। फिर उसने अपने को लाल किले के फाटक पर पाया। सामने खड़ा एक युवक पूछ रहा था, ''लगता है, आप किसीकी प्रतीक्षा कर रही हैं?''

''आं, हां.... कुछ कहा आपने?'' उसने चौंक कर पूछा।

''जी, लगता है, आप किसीकी प्रतीक्षा कर रही हैं?'' युवक ने अपना प्रश्न दोहराया।

''नहीं... नहीं तो...'' वह बोली।

''आप घंटे भर से यहां चुपचाप खड़ी हैं। मैंने समझा...''

''ओह... मुझे तो बिलकुल पता ही नहीं चला,'' अनायास ही उसके मुंह से निकल गया।

युवक हंस पड़ा, ''आप यहां खड़ी हैं और आपको पता नहीं?''

''मेरा मतलब... मेरा मतलब... घंटे-भर से खड़ी हूं?'' बोलते-बोलते वह रुक गई। लगा, गले में कुछ फंस गया है।

''आप कुछ परेशान-सी लगती हैं।.... अगर एतराज़ न हो, तो किले के अंदर चलें? घूमने-फिरने से तबीयत कुछ बहल जाएगी।''

''किले के अंदर?'' उसने गौर से युवक को देखा। साधारण नाक-नक्श-वाला वह युवक बातचीत में बहुत शिष्ट था।

''आप यहीं ठहरें। मैं टिकट ले लूं।''

उसके जवाब की प्रतीक्षा किए बिना युवक टिकट लेने चला गया। लौटा, तो उसके हाथ में ठंडे कोका-कोला की दो बोतलें थीं। एक उसकी ओर बढ़ाकर वह बोला, ''बहुत ज्यादा गरमी है। लीजिए।''

उसका गला सूख रहा था। युवक के हाथ से बोतल लेकर उसने गटगट तीन-चार घूंट पी लिए।

युवक उसे देखकर मुसकरा पड़ा, ''चलिए, अब अंदर चलें।''

बिना सोचे-समझे वह युवक के पीछे चल दी। घंटे-भर बाद जब वह लाल किले के फाटक से बाहर निकली, तो युवक ने पूछा, ''आप हाथी-दांत की यह डब्बी लेंगी, क्या?''

''नहीं तो,'' वह दो कदम पीछे हट गई, ''मुझे यह डब्बी नहीं चाहिए।''

''आप इसे गौर से देख रही थीं न? मैंने समझा, आपको यह पसंद है।''

''क्या समय हुआ है?''

''अब तो तीन बजेगें,'' युवक ने कलाई घड़ी देखकर बताया।

''ओह! तीन बजने वाले हैं! फिर तो हमें चलना चाहिए।'' घबराकर उसने सड़क की तरफ देखा। ''कोई स्कूटर मिल जाएगा?''

''मिल जाएगा, पर ज़रा आगे बढ़कर।'' युवक ने डब्बी जेब में रख ली, और उसके साथ चलते हुए बोला, ''उम्मीद करता हूं, हम फिर मिलेंगे इसी जगह।''

''कल दोपहर में मेरा इंतज़ार करना,'' अनायास उसके मुंह से निकल गया।

सुबह, दोपहर और शाम

सवेरे	in the morning

X की सफाई करना	to clean up X
शाम	(nf.) - evening
सुरेश	(name of heroine's husband)
सुनीता	(name of our heroine)
जिंदगी	(nf.) - life
क्रम	(nm.) - order, sequence
बन चुका था	'had established itself'
आलोक	(name of Sunita's son)
रंजना	(name of Sunita's daughter)
टिफिन	(Eng.) - tiffin, lunch
डब्बा	(nm.) - box
पुकारना	to call out to
जरा	'please' (lit: a little, a bit)
X को छोड़ना	to see off X
X को छोड़ आना	= X को छोड़ कर आना to see off X and then come home
न	'won't you?'
प्रेस करना	(Eng.) - to press, to iron
जरा... प्रेस करनी है	(Note the alternation between use of familiar and polite forms of 'you')
दिलचस्प	interesting
सिर	(nm.) - head
झुकना	to bend
अभी समय है	'there's still time'
झल्लाना	to be irritated, to fret and fume
मुसकराना	to smile
पकड़ना	to take hold of
बढ़ जाना	to move towards
टाफ़ियां	(Eng.) - toffies, candies
पीठ	(nf.) - back
थपथपाना	to pat
चढ़ाना	to help someone get onto, to put someone on to
टाटा करना	(Eng.) - to wave good by
घूम पड़ना	to turn around towards the direction from which one came
X को याद आना	for X to remember
गाजर	(nf.) - carrot
नीबू	(nm.) - lemon
सलाद	(Eng.) - (nm.) - salad
बिस्तर	(nm.) - bed
हर	each

खुद	by oneself (refers to subject of sentence)
मुंह	(nm.) - mouth
धुलाना	to wash (for someone)
बाल	(nm.) - hair
X की मदद करना	to help X
शामिल होना	to be included, to be part of
जैसे	just as
लगातार	continuously
काम में लगा रहना	to be busy with work
काम करते-करते	while working
जीवन	(nm.) - life
अर्थ	(nm.) - meaning
सच	true
फैलाना	to hold out, to spread out
आकाश	(nm.) - the sky
छत	(nf.) - ceiling, roof
पंखा	(nm.) - fan
लटकना	to hang
उसके चारों ओर	'on all 4 sides of her'
दीवार	(nf.) - wall
घेरा	(nm.) - enclosure, enclosing wall
टिकना	to rest, to stand
महाविद्यालय	(nm.) - college
गंधर्व महाविद्यालय	Gandharva College
फाटक	(nm.) - gate
निकलना	to come out of
मुड़ना	to turn
कोल-तार	(Eng.) - coal tar, blacktop
छाया	(nf.) - shadow
दिखाई पड़ना	to be visible
पांव	(nm.) - foot
स्वयं = [स्वयम्]	oneself
अस्तित्व	(nm.) - existence, being
टन!	(sound of clock striking)
घुटन	suffocation
सी	'sort of'
महसूस होना	to feel
बुलाना	to call, summon
आज़ादी	(nf.) - freedom

अपने-आप	oneself
X के प्रति	towards X
उत्तरदायी	responsible, accountable
राह	(nf.) - way, path
रोकना	to block, to stop
अनायास	without effort, spontaneously
X को पता नहीं चलना	for X not to be aware of
ताला	(nm.) - lock
ताला लगाना	to fasten a lock
वह चलती गई	'she kept on going'
युवक	(nm.) - a youth
उसने अपने को....... पर पाया	'She found herself at the gate of the Red Fort.'
किला	(nm.) - fort
लाल किला	the Red Fort in Delhi (sometime Moghul capital)
पाना	to find
सामने	in front
चौंकना	to be startled
दोहराना	to repeat
नहीं तो	'not at all'
हंस पड़ना	to burst out laughing
घंटे-भर से	'for a full hour'
चुपचाप	silently, quietly
बोलते-बोलते	in the middle of talking
रुकना	to stop
गला	(nm.) - throat
फंस जाना	to get stuck
परेशान	bothered, troubled
एतराज़	(nm.) - objection
अगर एतराज़ न हो,.....	'If you don't have any objection....'
घूमना-फिरना	to go for a walk/a stroll
तबीयत	(nf.) - state of (physical or mental) health
बहल जाना	to be diverted, amused, entertained
तबीयत बहल जाएगी	'It will put you in a better mood.'
ग़ौर से	attentively, closely
साधारण	ordinary
नाक-नक्श	facial features
शिष्ट	courteous, decent, well-behaved
बोतल	(nf.) - (Eng.) - bottle
बढ़ाना	to hand towards

66

सूखना	to become dry
गट-गट	(gulping sound)
घूंट	(nm.) - swallow
बिना सोचे-समझे	'without thinking about it'
हाथी-दांत	(nm.) - ivory
डब्बी	(nf.) - little box
कदम	(nm.) - step
पीछे	backwards
हटना	to move away
कलाई	(nm.) - wrist
घड़ी	(nf.) - watch
तीन बजने वाले हैं	'It's almost 3:00.'
घबराना	to be upset
स्कूटर	(nm.) - (Eng.) - scooter, motor rickshaw
रखना	to put
उम्मीद करना	to hope

X को लग-जैसे CONSTRUCTION

This construction primarily is used to express subjective reaction of the experiencer involving comparison with some hypothetical state of affairs and is comparable to English **to feel as if** construction:

1. चुनाव के बाद भी सब कुछ वैसा ही है। ऐसा लगता है जैसे सरकार बदली ही न हो।
   Everything is the same even after the election. I feel as if the administration has not changed at all.

2. कल पार्टी में वह बिल्कुल चुप रहा। ऐसा लगा जैसे उसको वहाँ का वातावरण पसंद न आया हो।
   Yesterday he was very quiet at the party. It seemed as if he did not like the atmosphere there.

3. वहाँ जाकर तुम्हें ऐसा लगेगा जैसे तुम स्वर्ग पहुँच गए हो।
   When you arrive there you'll feel as if you've arrived in the heaven.

4. शक्ल देखकर ऐसा लगता है जैसे मीलों चलकर आए हो।
   You look as if you've walked miles.

5. आज का दिन बड़ा सुंदर है। मुझे ऐसा लग रहा है जैसे वसंत आ ही गया हो।
   It's beautiful day. I feel as if it is already Spring.

ADJECTIVE – सा लग – CONSTRUCTION

This is similar in meaning to the construction discussed above and involves Adjectives:

6. शीला कुछ थकी-सी लग रही है।
   Sheela looks as if she is tired.

7. कल राजन बीमार-सा लगा।

Yesterday Rajan looked sick.

8. तुम घबराए-से क्यों हो?

Why are you sort of upset?

[i.e. Why do you look as if you are upset!]

9. वह उकताई-सी बैठी है।

She is sitting, sort of bored.

EXERCISES

A. ORAL WORK

1. सुनीता कौन है?
2. आलोक और रंजना कौन हैं?
3. सुरेश कौन है?
4. सुनीता ने सुरेश को क्यों पुकारा?
5. सुरेश क्या कर रहा था? उसने सुनीता से क्या कहा?
6. सुनीता ने क्या किया?
7. बच्चों को बस में बिठाने के बाद सुनीता ने क्या किया?
8. सुनीता के दिन कैसे बीतते हैं?
9. क्या वह अपने जीवन से खुश है?
10. एक दिन वह क्या सोचने लगती है?
11. फिर वह क्या करती है?
12. वह कहाँ जाती है?
13. वहाँ उसे कौन मिलता है?
14. दोनों कहाँ जाते हैं? क्या करते हैं?

B. HOMEWORK ASSIGNMENT

I. Write an ending to this story.

II. Translate the following:

1. Suresh gets annoyed when Sunita asks him to take the children to school.
2. I suddenly remembered that I had to take the boys to the library.
3. He works continuously from six in the morning till four in the afternoon.
4. If you have to stay indoor all day, you feel sort of suffocated.
5. She can, quite effortlessly, work at her office and take care of her household chores.
6. Mohan had so much fun at the party that he did not realize how the time passed.

68

LESSON TEN : दसवाँ पाठ

प्रायश्चित्त

भगवतीचरण वर्मा

अगर कबरी बिल्ली घर-भर में किसीसे प्रेम करती थी तो रामू की बहू से और अगर रामू की बहू घर-भर में किसीसे घृणा करती थी तो कबरी बिल्ली से। रामू की बहू दो महीना हुआ मायके से प्रथम बार ससुराल आयी थी। पति की प्यारी, और सास की दुलारी चौदह वर्ष की बालिका। भंडार-घर की चाबी उसकी करधनी में लटकने लगी, नौकरों पर उसका हुक्म चलने लगा और रामू की बहू घर में सब कुछ। सास जी ने माला ली और पूजा-पाठ में मन लगाया।

लेकिन ठहरी चौदह वर्ष की बालिका, जो कभी भंडार-घर खुला है, तो कभी वह भंडार-घर में बैठे-बैठे सो गयी। कबरी बिल्ली को मौका मिला, घी-दूध पर अब वह जुट गयी। रामू की बहू हाँडी में घी रखते-रखते ऊंघ गयी और बचा हुआ घी कबरी के पेट में। रामू की बहू दूध ढंककर मिसरानी को जिन्स देने गयी और दूध नदारद। अगर बात यहां तक रह जाती, तो भी बुरा न था। कबरी रामू की बहू को कुछ ऐसा परक गयी थी कि रामू की बहू के लिए खाना-पीना दुश्वार हो गया। रामू की बहू के कमरे में रबड़ी से भरी कटोरी पहुंची और रामू जब तक आए तब तक कटोरी साफ़ चटी हुई। बाज़ार से बालाई आयी और जब तक रामू की बहू ने पान लगाया, बालाई गायब। रामू की बहू ने तय कर लिया कि या तो वही घर में रहेगी या फिर कबरी बिल्ली ही। मोरचाबंदी की गई और दोनों सतर्क। बिल्ली फंसाने का कटघरा आया, उसमें, दूध, बालाई, चूहे और बिल्ली को स्वादिष्ट लगनेवाले विविध प्रकार के व्यंजन रखे गए। लेकिन बिल्ली ने उधर निगाह तक न डाली। इधर कबरी ने सरगर्मी दिखायी। अभी तक तो वह रामू की बहू से डरती थी, पर अब वह साथ लग गयी। लेकिन इतने फ़ासले पर कि रामू की बहू उसपर हाथ न लगा सके।

कबरी के हौसले बढ़ जाने से रामू की बहू को घर में रहना मुश्किल हो गया। उसे मिलती थीं सास की मीठी झिड़कियां और पतिदेव को मिलता था रूखा-सूखा भोजन।

एक दिन रामू की बहू ने रामू के लिए खीर बनायी। पिस्ता, बादाम, मखाने और तरह-तरह के मेवे दूध में औंटे गए। सोने का वर्क चिपकाया गया और खीर से भरकर कटोरा कमरे के एक ऊंचे ताक पर रखा गया, जहाँ बिल्ली न पहुँच सके। रामू की बहू इसके बाद पान लगाने में लग गयी। उधर कमरे में बिल्ली आयी, ताक के नीचे खड़ी होकर उसने ऊपर कटोरे की ओर देखा। सूंघा—माल अच्छा है, ताक की ऊंचाई अन्दाजी। पान लगाकर रामू की बहू सास जी को पान देने चली गयी और कबरी ने छलांग मारी, पंजा कटोरे में लगा और कटोरा झनझनाहट की आवाज़ के साथ फ़र्श पर आ गिरा।

आवाज़ रामू की बहू के कान में पहुंची, सास के सामने पान फेंककर दौड़ी। क्या देखती है कि कटोरा टुकड़े-टुकड़े, खीर फ़र्श पर, और बिल्ली डटकर खीर उड़ा रही है। रामू की बहू को देखते ही कबरी भाग गयी।

रामू की बहू पर खून सवार हो गया। उसने सोचा कि न रहे बांस न बजे बांसुरी। रामू की बहू ने कबरी की हत्या पर कमर कस ली। रात-भर उसे नींद न आयी, किस तरह पर कबरी पर वार किया जाए कि फिर ज़िन्दा न बचे, यही पड़े-पड़े सोचती रही। सुबह हुई और वह देखती है कि कबरी देहरी पर बैठी बड़े प्रेम से उसे देख रही है।

रामू की बहू ने कुछ सोचा, इसके बाद वह मुस्कुराती हुई उठी। कबरी रामू की बहू के उठते ही खिसक गयी। रामू की बहू एक कटोरा दूध कमरे के दरवाज़े की देहरी पर रखकर चली गयी। हाथ में पाटा लेकर वह लौटी, तो देखती क्या है कि कबरी दूध पर जुटी हुई है। मौका हाथ में आ गया। सारा बल लगाकर पाटा उसने बिल्ली पर पटक दिया। कबरी न हिली, न डुली, न चीखी, न चिल्लायी, बस एकदम उलट गयी।

आवाज़ जो हुई तो महरी झाड़ू छोड़कर, मिसरानी रसोई छोड़कर और सास पूजा छोड़कर घटना-स्थल पर उपस्थित हो गयीं। रामू की बहू सर झुकाए हुए अपराधिनी की भांति बातें सुन रही है।

महरी बोली—"अरे राम, बिल्ली तो मर गयी। मां जी, बिल्ली की हत्या बहू से हो गई, यह तो बुरा हुआ।"

मिसरानी बोली—"मां जी, बिल्ली की हत्या और आदमी की हत्या बराबर है।"

सास जी बोलीं—"हां, ठीक ही तो कहती हो। अब जब तक बहू के सिर से हत्या न उतर जाए तब तक न कोई पानी पी सकता है न खाना खा सकता है। यह क्या कर डाला!"

महरी ने कहा—"फिर क्या हो? कहो, तो पंडित जी को बुला लाऊं?"

सास जी की जान में जान आयी—"अरे हां, जल्दी दौड़के पंडित जी को बुला ला।"

बिल्ली की हत्या की ख़बर बिजली की तरह पड़ोस में फैल गई। पड़ोस की औरतों का रामू के घर में तांता बंध गया। चारों तरफ़ से प्रश्नों की बौछार और रामू की बहू सिर झुकाए बैठी रही।

पंडित परमसुख को जब यह खबर मिली, उस समय वे पूजा कर रहे थे। ख़बर पाते ही वे उठ पड़े। पंडिताइन से मुस्कुराते हुए बोले भोजन न बनाना। लाला घासीराम मी पतोहू ने बिल्ली मार डाली। प्रायश्चित्त होगा—पकवानों पर हाथ लगेगा।

पंडित परमसुख चौबे छोटे-से, मोटे-से आदमी थे। लंबाई चार फुट दस इंच और तोंद का घेरा अठावन इंच। चेहरा गोल-मटोल, मूंछें बड़ी, रंग गोरा, चोटी कमर तक पहुंची हुई। कहा जाता है कि मथुरा में जब पंसेरी खुराकवाले पंडितों को ढूंढा जाता था, तो पंडित परमसुख जी को उस लिस्ट में प्रथम स्थान दिया जाता था।

पंडित परमसुख पंहुचे और कोरम पूरा हुआ। पंचायत बैठी—सास जी, मिसरानी, किसनू की मां, छन्नू की दादी और पंडित परमसुख। बाकी स्त्रियां बहू से सहानुभूति प्रकट कर रहीं थीं। किसनू की मां ने कहा—"पंडित जी, बिल्ली की हत्या करने से कौन-सा नरक मिलता है?"

पंडित परमसुख ने पत्रा देखते हुए कहा—"बिल्ली की हत्या अकेले से तो नरक का नाम नहीं बतलाया जा सकता, वह मुहूरत भी मालूम हो जब बिल्ली की हत्या हुई, तभी नरक का पता लग सकता है।"

"यही कोई सात बजे सुबह," मिसरानी ने कहा।

पंडित परमसुख ने पत्रे के पन्ने उलटे, अक्षरों पर उंगलियां चलायीं, माथे पर हाथ लगाया और कुछ सोचा। चेहरे पर धुंधलापन आया। माथे पर बल पड़े, नाक कुछ सिकुड़ी और स्वर गंभीर हो गया—"हरे कृष्ण, हरे कृष्ण, बड़ा बुरा हुआ, प्रातः काल, ब्राह्ममुहूर्त में बिल्ली की हत्या। घोर कुंभीपाक नरक का विधान है। रामू की मां, यह तो बड़ा बुरा हुआ।"

रामू की मां की आँखों में आंसू आ गए—"तो, फिर पंडित जी, अब क्या होगा, आप ही बतलाएं।"

पंडित परमसुख मुस्कुराये—"रामू की मां, चिन्ता की कौन-सी बात है? शास्त्रों में प्रायश्चित्त का विधान है, सो प्रायश्चित्त से सब कुछ ठीक हो जाएगा।"

रामू की मां ने कहा—"पंडित जी, इसलिए तो आपको बुलवाया था। अब आगे बतलाओ कि क्या किया जाए?"

"किया क्या जाए? यही एक सोने की बिल्ली बनवाकर बहू से दान करवा दी जाए। जब तक बिल्ली न दे दी

जाएगी, तब तक तो घर अपवित्र रहेगा, बिल्ली दान देने के बाद इक्कीस दिन का पाठ हो जाए।''

छन्नू की दादी ने कहा–''हां, और क्या? पंडित जी तो ठीक कहते हैं, बिल्ली दान दे दी जाए और पाठ फिर हो जाए।''

रामू की मां ने कहा–''तो पंडित जी कितने तोले की बिल्ली बनवाई जाए?''

पंडित परमसुख मुस्कुराए। अपनी तोंद पर हाथ फेरते हुए उन्होंने कहा–''बिल्ली कितने तोले की बनवाई जाए? अरे रामू की मां। शास्त्रों में तो लिखा है कि बिल्ली के वज़न-भर सोने की बिल्ली बनवायी जाए। कम से कम इक्कीस तोले की बिल्ली बनवाके दान करवा दो और आगे तो अपनी श्रद्धा।''

रामू की मां ने आंखे फाड़कर पंडित परमसुख को देखा–''अरे बाप रे। इक्कीस तोला सोना। पंडित जी यह तो बहुत है, तोला भर की बिल्ली से काम न निकलेगा?''

पंडित परमसुख हंस पड़े–''रामू की मां। एक तोला सोने की बिल्ली। बहू के सिर बड़ा पाप है, इसमें इतना लोभ ठीक नहीं।''

मोल-तोल शुरू हुआ और मामला ग्यारह तोले की बिल्ली पर ठीक हो गया। इसके बाद पूजा-पाठ की बारी आयी। पंडित परमसुख ने कहा–''उसमें क्या मुश्किल है, रामू की मां, मैं पाठ कर दिया करूंगा, पूजा की सामग्री तुम हमारे घर भिजवा देना।''

''पूजा का सामान कितना लगेगा?''

''अरे, कम-से-कम सामान में पूजा कर देंगे, दान के लिए करीब दस मन गेहूं, एक मन चावल, एक मन दाल, मन-भर तिल, पांच मन जौ, पांच मन चना, चार पंसेरी घी और मन-भर नमक भी लगेगा। बस, इतने से काम चल जाएगा।''

''अरे बाप रे। इतना सामान। पंडित जी, इस में तो सौ-डेढ़ सौ रुपया खर्च हो जाएगा''–रामू की मां ने रुँआसी होकर कहा।

''फिर इससे कम में तो काम न चलेगा। बिल्ली की हत्या कितना बड़ा पाप है रामू की मां। खर्च को देखते वक़्त पहले बहू के पाप को देख लो। यह तो प्रायश्चित्त है कोई हंसी-खेल थोड़े ही है?''

पंडित परमसुख की बात से पंच प्रभावित हुए। किस्नू की मां ने कहा ''पंडित जी ठीक तो कहते हैं, बिल्ली की हत्या कोई छोटा पाप तो नहीं। बड़े पाप के लिए बड़ा खर्चा भी चाहिए।''

छन्नू की दादी ने कहा–''और नहीं तो क्या? दान-पुन्न से ही पाप कटते हैं।'' मिसरानी ने कहा–''और फिर मां जी, आप लोग बड़े आदमी ठहरे।''

रामू की मां ने अपने चारों ओर देखा, सभी पंच पंडित जी के साथ। एक ठंडी सांस लेते हुए रामू की मां ने कहा–''अब तो जो नाच नचाओगे, नाचना ही पड़ेगा।''

पंडित परमसुख ज़रा नाराज़ होकर बोले–''रामू की मां, यह तो खुशी की बात है। अगर तुम्हें यह अच्छा नहीं लगता तो यह न करो। मैं चला।'' इतना कहकर पंडित जी ने पोथी-पत्रा बटोरा।

रामू की मां ने पंडित जी के पैर पकड़े और पंडित जी ने अब जमकर आसन जमाया।

''और क्या हो?''

''इक्कीस दिन के पाठ के लिए इक्कीस रुपये और इक्कीस दिन तक दोनों वखत पांच-पांच ब्राह्मणों को भोजन करवाना पड़ेगा।'' कुछ रुककर पंडित परमसुख ने कहा–''सो इसकी चिन्ता न करो, मैं अकेले दोनों समय भोजन कर लूंगा। और मेरे अकेले भोजन करने से पांच ब्राह्मणों के भोजन का फल मिल जाएगा।

अच्छा तो फिर प्रायश्चित्त का प्रबंध करवाओ, रामू की मां। ग्यारह तोले सोना निकालो, मैं उसकी बिल्ली बनवा लाऊं। दो घंटे में मैं बनवाकर लौटूंगा, तब तक पूजा का प्रबंध कर रखो। और देखो पूजा के लिए–''

पंडित जी की बात खत्म भी न हुई थी कि महरी हांफती हुई कमरे में घुस आयी और सब लोग चौंक उठे। रामू की मां ने घबड़ाकर पूछा–''अरी क्या हुआ री?''

महरी ने लड़खड़ाते स्वर में कहा—''मां जी, बिल्ली तो उठकर भाग गयी।''

प्रायश्चित्त

प्रायश्चित्त	(nm.) - penance
कबरा	spotted
बिल्ली	(nf.) - cat
घर-भर में	in the whole house
प्रेम करना	to love
रामू	(man's name)
बहू	(nf.) - son's wife (here: wife)
(से) घृणा करना	to hate
दो महीना हुआ	'two months ago'
मायका	(nm.) - maternal house of married women
प्रथम	first
बार	(nf.) - a time
ससुराल	(nf.) - father-in-law's house of a woman or a man
प्यारी	dear (girl)
सास	(nf.) - mother-in-law
दुलारी	beloved (daughter)
बालिका	(nf.) - girl
भंडार-घर	(nm.) - store-room
चाबी	(nf.) - key
करधनी	(nf.) - a chain of silver worn around the waist
लटकना	to hang
नौकर	(nm.) - servant
X पर Y का हुक्म चलना	for Y to rule over X
रामू की बहू घर में सब कुछ	'Ramu's wife was everything in the house.'
माला	(nf.) - rosary
पूजा-पाठ	(nm.) - worship and reading of religious texts
मन लगाना	to devote one's mind to
ठहरी	after all
बैठे-बैठे सो जाना	to doze off while sitting there
मौका	(nm.) - a chance
(को) मौका मिलना	to get a chance
घी	(nm.) - ghee, clarified butter
(पर) जुट जाना	to get busy
हांडी	(nf.) - a small earthen pot
रखते-रखते	while she was putting

ऊंघ जाना	to doze off
बचना	to remain
पेट	(nm.) - stomach
ढकना	to cover
मिसरानी	(nf.) - the cook
जिन्स	(nf.) - commodity, things
देने जाना	to go to give
नदारद	disappeared, vanished
अगर बात यहां तक रह जाती	If the matter had ended here,...
बुरा	bad
(को) परक जाना	to get familiar with
दुश्वार हो जाना	to become difficult
रबड़ी	(nf.) - a dessert of milk, which is made by thickened milk and sugar.
कटोरी	(nf.) - small bowl
चटना	to be licked up
बालाई	(nf.) cream
पान लगाना	to prepare pan leaves (by spreading on them lime, betelnuts, catechu, spices, folding them into tri- angles and pinning the triangles shut with cloves.)
गायब	vanished, disappeared
तय कर लेना	to decide
या..... या.....	either.... or....
मोरचाबंदी करना	to take up strategic positions
सतर्क	alert
फंसाना	to catch (in a trap)
कटघरा	(nm.) - a large cage
चूहा	(nm.) - mouse
स्वादिष्ट	tasty
स्वादिष्ट लगनेवाला	which seems tasty
विविध	various
प्रकार	(nm.) - kind
व्यंजन	(nm.) - good food
(पर) निगाह तक न डालना	to ignore completely, (lit: not even to glance at)
सरगर्मी दिखाना	to show one's activity/tactics
(के) साथ लग जाना	to go along with, to accompany
फासला	(nm.) - distance
हाथ लगाना	to touch, get hold of
हौसला	(nm.) - courage
बढ़ना	to increase, to grow

झिड़की	(nf.) - scolding
पतिदेव	(nm.) - husband (often the word 'dev' is added to 'pati' as an honorific) ('dev' = god)
रूखा-सूखा	dry
भोजन	(nm.) - food
खीर	(nf.) - a dessert made of rice, milk, and sugar, boiled together with cardamom for flavor.
पिस्ता	(nm.) - pistachio nut
बादाम	(nm.) - almond
मखाना	(nm.) - a kind of dry fruit (dry puffed lotus seeds)
मेवा	(nm.) - dry fruits
औंटना	to thicken a liquid by boiling for a long time
सोना	(nm.) - gold
वर्क	(nm.) - gold or silver tissue, used to decorate fancy sweets and pan.
चिपकना	to stick to (something)
कटोरा	(nm.) - a big bowl
ताक	(nm.) - shelf
सूंघना	to smell
माल	(nm.) - merchandise, stuff
ऊंचाई	(nf.) - height
अन्दाज़ना	to guess
छलांग मारना	to leap
पंजा	(nm.) - paw
लगना	to hit against
झनझनाहट	(nf.) - clattering
आवाज़	(nf.) - sound
फ़र्श	(nm.) - floor
आ गिरना	to fall down
कान	(nm.) - ear
फेंकना	to throw
दौड़ना	to run
क्या देखती है, कि....	'What does she see, but....'
टुकड़े-टुकड़े	'in little pieces'
डटकर	confidently, firmly
उड़ाना	to steal, to make to disappear (lit: to make to fly)
भाग जाना	to run away
X पर खून सवार होना	for X to be very angry
न रहे बांस न बजे बांसुरी	to remove the cause of the problem (lit: If no bamboo remains, no flute can play)

हत्या	(nf.) - murder
X पर कमर कस लेना	to be determined to do X
कमर कसना	to tighten one's waistband
नींद आना	to be sleepy
वार करना	to attack
ज़िन्दा	alive
बचना	to remain alive
पड़े-पड़े	'while lying there'
देहरी	(nf.) - threshold
मुस्कुराना	to smile
खिसक जाना	to slip away
पाटा	(nm.) - heavy board
मौका हाथ में आ जाना	for the opportunity to come
बल लगाना	to use one's strength
पटक देना	to throw down
हिलना	to move
डुलना	to move
चीखना	to scream
चिल्लाना	to cry out
एकदम	suddenly
उलटना	to turn over
महरी	(nf.) - maidservant
झाड़ू	(nf.) - broom
मिसरानी	(nf.) - female cook
रसोई	(nf.) - kitchen
घटना-स्थल	(nm.) - the scene of the incident
उपस्थित होना	to be present
सर (= सिर)	(nm.) - head
झुकाना	to bend/hang down
अपराधिनी	(nf.) - a guilty person (female)
X की भांति	in the manner of X
अरे राम	'O God!'
X के सिर से Y उतर जाना	for X to become free of the guilt of Y
कर डालना	to do
पंडित	(nm.) - priest
X की जान में जान आना	for X to be relieved (lit: for life to come into X's body)
ख़बर	(nf.) - news
बिजली	(nf.) - lightning

पड़ोस	(nm.) - neighborhood
फैलना	to spread
तांता बंध जाना	for a continuous line to be formed
बौछार	(nf.) shower
परमसुख	(name)
पंडिताइन	(nf.) - pandit's wife
लाला घासीराम	(name)
पतोहू	(nf.) - son's wife
पकवान	(nm.) - special dish
हाथ लगना	to touch, get hold of, lay hands on
परमसुख चौबे	(name)
लंबाई	(nf.) - height
तोंद	(nf.) - paunch, pot belly
घेरा	(nm.) - circumference
अटठ्ावन	58
चेहरा	(nm.) - face
गोल	round
गोल-मटोल	very round and flabby
मूंछ	(nf.) - moustache
गोरा	white, fair
चोटी	(nf.) - a lock of hair on top of the head (kept by traditionalist Hindus)
कमर	(nf.) - waist
पंसेरी	(nf.) - weight of 5 seers, (1 seer = approx. 2 1bs.)
पंसेरी खुराकवाला	(nm.) - one who can eat 5 seers of food at a time
स्थान	(nm.) - place
कोरम	(Eng.) - quorum
पंचायत	(nf.) - panchayat, village council of 5 elders
किसनू (= कृष्ण)	(name)
किसनू की मां	Kisnu's mother (It is common to address a person as 'the mother/father of X')
छन्नू	(name) -
दादी	(nf.) - grandmother
सहानुभूति	(nf.) - sympathy
प्रकट करना	to show
नरक	(nm.) - hell
पत्रा	(nm.) - astrological almanac
बतलाना	to tell
मुहूरत	(nm.) - auspicious moment (here: exact time)
तभी	only then

पता लगना	to find out
यही कोई सात बजे सुबह	'approx. 7:00 in the morning'
पन्ना	(nm.) - page of a book, leaf of a book
उलटना	to turn over
अक्षर	(nm.) - letter of the alphabet
उंगली	(nf.) - finger
माथा	(nm.) - forehead
धुंधलापन	(nm.) - haziness, vagueness
माथे पर बल पड़ना	to frown
सिकुड़ना	to contract, wrinkle
स्वर	(nm.) - voice
गंभीर	sober
हरे कृष्ण	Shri Krishna, O God!
प्रात:काल	(nm.) - early morning
ब्राह्ममुहूर्त	(nm.) - early morning (considered to be an auspicious time of day)
घोर	horrible
कुंभीपाक नरक	the worst type of hell
विधान	(nm.) - injunction
आंसू	(nm.) - tear
मुस्कुराना	to smile
चिन्ता	(nf.) - worry
शास्त्र	(nm.) - scripture(s)
आगे	further
सोना	(nm.) - gold
दान	(nm.) - charity, a religious gift
जब तक बिल्ली न दे दी जाएगी	'until the cat is donated ' (lit: as long as the cat is not donated)
अपवित्र	unholy, impure
पाठ	(nm.) - recitation (of a holy book by a priest)
हां, और क्या?	'That's right! What else would you expect?'
फिर	then
तोला	(nm.) - weight of a rupee, approx., one-third of an ounce
फेरना	to stroke
वज़न	(nm.) - weight
वज़न-भर	full weight
कम से कम	at least
श्रद्धा	(nf.) - faith, reverence

और आगे तो अपनी श्रद्धा	'and beyond that as much as your faith dictates'
आंखें फाड़कर देखना	to stare at with a startled look
अरे बाप रे	'Oh! Brother!'
तोला-भर	'one whole tola'
काम निकलना	to work out
पाप	(nm.) - sin
X के सिर पाप होना	for X to have the guilt of a sin on himself
लोभ	(nm.) - greed
मोल-तोल	(nm.) - bargaining, haggling
मामला	(nm.) - the matter
मामला. . . ठीक हो गया	'the matter was settled at a cat of 11 tolas'
X की बारी आना	for the time to come for X
सामग्री	(nf.) - materials
भिजवाना	to have sent (by someone)
कितना लगेगा?	'How much will it take?'
कम से कम सामान में	'with the minimum materials'
मन	(nm.) - maund, a weight equal to 40 seers (82 lbs.)
गेहूं	(nm.) - wheat
मन-भर	a whole maund
तिल	(nm.) sesame seeds
जौ	(nm.) - barley
चना	(nm.) - chick peas, garbanzo beans
काम चल जाना	to get by with, to make out with
सौ डेढ़-सौ	about 100 or 150
खर्च होना	to be spent
रुआंसी होना	to be at the point of crying
खर्च	(nm.) - expense
खर्च को देखते वक्त	at the time when you consider the expense
हंसी-खेल	(nm.) - fun and frolic
थोड़े ही	hardly!
पंच	(nm.) - an arbitrator or a body of arbitrators or jury
प्रभावित	influenced
खर्चा =	खर्च (expense)
और नहीं तो क्या?	If not, then what else instead?
पुन्न (= पुण्य)	(nm.) - good merit
पाप कटना	for sins to be erased
आप लोग बड़े आदमी ठहरे	After all, you are high class people.
ठंडी सांस लेना	to be disappointed (lit: to take a cool breath)

नाच	(nm.) - dance
नाच नचाना	to harass
नाराज़	angry
पोथी	(nf.) - book
बटोरना	to collect, to gather (together)
पैर	(nm.) - foot
जमकर	firmly
आसन	(nm.) - seat
आसन जमाना	to be seated (firmly)
और क्या हो?	What else should there be?
	(Ramu's mother asks)
इक्कीस दिन के पाठ के इक्कीस रुपये	21 rupees for 21 days of recitation
दोनों वक्त	both times, (ie. morning and evening meal times)
पांच-पांच ब्राह्मणों को	for 5 brahmins each time
प्रबंध	(nm.) - arrangement
सोना निकालो	get out the gold (families will often melt down old gold jewelry to make new ornaments instead of buying new gold on the market)
पंडित जी की बात खत्म भी न हुई थी, कि....	The pandit's sentence wasn't even finished yet, when. . . .
हांफना	to pant, to be out of breath
घुसना	to burst into
चौंक उठना	to be startled
घबड़ाना	to be confused and frightened
लड़खड़ाता	unsteady

GRAMMATICAL NOTES

I. थोड़े ही

The above expression is used in a sentence in Hindi in order to negate the proposition. For example:

(1) वह भारत थोड़े ही जाएगा।
   He will not go to India.

(2) मैंने तुमको थोड़े ही बुलाया था।
   I had not called you.

Notice that in (1) and (2) **थोड़े ही** negates the proposition as is evident from the English translation. Now consider the following negative sentences. The use of **थोड़े ही** negates the propositions in (3) and (4) which explains why the negative meaning is lost in the sentences.

(3) मैं दिन भर खाना थोड़े ही नहीं खाऊँगा।
   It is not that I will not eat for the whole day. (i.e. I will eat during the day.)

(4) उसके मातापिता भारत में हैं। वह भारत जा रही है। वह अपने मातापिता से थोड़े ही नहीं मिलेगी।
Her parents are in India and she is going to India. It is not that she will not meet her parents. (i.e. She will meet her parents.)

II. और नहीं तो क्या? 'If not, what else?'

(what is said is indeed true and I support it completely)

The expression 'और नहीं तो क्या?' is generally used in a Hindi conversation to convey that (a) the speaker agrees with the statement previously made by the hearer and that (b) the second speaker wants to emphasise the validity of the first speaker's earlier statement. Consider the following example from the story प्रायश्चित्त

किस्नू की मां ने कहा ''पंडित जी ठीक तो कहते हैं, बिल्ली की हत्या कोई छोटा पाप नहीं। बड़े पाप के लिये बड़ा खर्चा भी चाहिये।''

Kisnu's mother said 'What Pandit says is correct. Cat murder is not a small sin. (It is obvious) a large expense is necessary for a big sin.'

छन्नू की दादी ने कहा ''और नहीं तो क्या? दान-पुन्न से ही पाप कटते हैं।''

. . . "Of course it is correct, sins are averted by righteous deeds and generous donations."

Notice that in the above conversation छन्नू की दादी is supporting Kisnu's mother's statement and emphasizing the validity of her statement.

CULTURAL NOTES

I. प्रायश्चित्त 'atonement, penance'

The word प्रायश्चित्त also refers to the act/religious deeds performed to avert the evil effects of a sin. According to the Hindu belief, a sinner is punished for his evil deeds. However, he may be spared of the punishment if he performs certain rituals as directed by the पंडित or priest who is knowledgeable in the Hindu scriptures and is authorised to direct the common people to the right path. Each sin requires special rituals performed by the sinner. In the story 'प्रायश्चित्त', everybody in the household belives that the new daughter-in-law has killed the cat, which is considered to be a sin. Therefore, पंडित, the family priest is invited to direct the rituals to be performed to avert the evil effects of the sin on the sinner—the daughter-in-law.

The etymological meaning of the word प्रायश्चित्त is 'the determination of the mind to undergo penances (to avert the punishment)'.

II. नरक

'नरक' means 'hell'. In Hindu mythology it refers to infernal regions where different kinds of tortures are inflicted upon sinners. There are 21 different parts of these regions where sinners are sent according to the degree/nature of their sins. Also there are 86 places including नरक कुंभ or कुंड — a pit where the wicked are tormented and punished.

III. पंचायत

पंचायत is the name of a body of five representatives of the people in a village. These five members are elected by the people in order to solve the problems/disputes in the village. पंचायत generally functions as a small court in a village. In the story 'प्रायश्चित्त', 'पंचायत' refers to the group of important people who are authorised by the household to make major decisions on major issues in the household.

IV. संयुक्त-परिवार-पद्धति 'extended family system'

An extended family in India generally includes husband, wife, children, grandparents (i.e. father's parents). In some families it is common for the brothers to share the same house. In such cases the brothers' families live together with the parents. In this family system, then, a newly married couple lives with the husband's parents. A girl enters into a new household after marriage. In such a situation, the new bride enjoys a great deal of admiration showered upon her by the parents-in-law, but at the same time, she has to take up the responsibility of the husband's household. In the story प्रायश्चित्त we find the newly wedded wife is struggling hard to manage her new household.

The extended family system is gradually disappearing in the big cities such as Bombay, Delhi, etc. due to a lack of space. Also, the nuclear family system is becoming common, since childern have to go away from their native towns for the sake of jobs etc.

V. सोना Gold

It is not uncommon in India for a middle class family to possess 20-40 ounces (or even more) of gold in the form of jewelry and coins. Gold was treated as investment and formed a large part of स्त्री धन (woman's property). Parents would give a rather large amount of gold to their daughters at the time of their wedding so that they would feel financially secure. At a time of crisis, sometimes, this gold would be used by families to tide over difficult times. In villages where banking is still not common, gold continues to fulfill this function even now.

EXERCISES

A. नीचे दिए हुए प्रश्नों के उत्तर हिन्दी में लिखिए:
 (a) रामू की बहू कबरी बिल्ली से घृणा क्यों करती थी?
 (b) बिल्ली ने खीर कैसे उड़ाई?
 (c) रामू की बहू ने बिल्ली से कैसे बदला लिया?
 (d) पंडित परमसुख कौन थे? उन्हें क्यों बुलाया गया?
 (e) 'प्रायश्चित्त' का मतलब क्या है?
 (f) इस कहानी में किसने क्या पाप किया है?
 (g) पंडित जी ने प्रायश्चित्त के लिए क्या-क्या करने को कहा?
 (h) पंडित जी के बारे में अपने विचार लिखिए।

B. WRITE SHORT NOTES ON THE FOLLOWING IN HINDI:
 (a) भंडार-घर (b) पूजा-पाठ (c) पाप (d) नरक (e) प्रायश्चित्त

C. GRAMMAR
   FOCUS: Postpositions.
I. (a) Fill in the blanks with the Hindi equivalent of the English given.
   (b) Translate the sentences into English.

81

(a) ____________________ कुछ सोचा। इसके बाद वह उठी।
(Ram's wife)

(b) माँ ____________________ हमेशा प्रेम करती है।
(her children)

(c) रामू की बहू ____________________ से [प्यार / घृणा] करती थी।
(the cat)

(d) आजकल उसका ____________________ मन नहीं लगता।
(in the studies)

(e) ____________________ कौन नहीं डरता?
(tiger)

(f) जब उसने ____________________ देखा तो उसे अपना बचपन याद आया।
(toward the village)

(g) अगरबत्ती की खुशबू ____________________ फैल गई।
(in the whole house)

(h) जब मैंने घायल लोगों को देखा तो मुझे ____________________ सहानुभूति हुई।
(them)

(i) अगर ____________________ तो न करो।
(you do not like this job)

II. Complete the following sentences using appropriate verb forms:

(a) जब तक वह घर न आए तब तक कोई खाना नहीं ____________ (खा सकना—present)
(b) तुम ठीक ____________________ (कहना—present progressive)
(c) उससे यह काम नहीं ____________________ (करना—passive future)
(d) ____________ ____________ पिताजी सो गए। (after eating)
(e) ____________ ____________ वह अचानक रुक गया (while reading)
(f) उस दिन एक बड़ा साँप अंदर ____________ (घुस आना—past) और सभी ____________ (चौंक उठना—past)
(g) जब पुलिस आई तब सारे चोर ____________________ (भाग जाना—past)

III. (i) Transform the following sentences according to the model given:

(ii) Translate the transformed sentence into English.

वह चौदह वर्ष की बालिका [थी / है] → वह ठहरी चौदह वर्ष की बालिका!

(a) आप बड़े लोग हैं।
(b) राम एक गरीब आदमी है।
(c) वे अमरीकी लोग हैं, उन्हें बहुत मिर्चवाला खाना पसंद नहीं आएगा।
(d) वे मेरी सास हैं, मैं उनकी बात कैसे न मानती?
(e) वह बालबच्चोंवाला है, घर छोड़कर कैसे जाता?

(f) पंडित परमसुख पंडित जी हैं, बातें बनाना (to make up stories) उनका व्यवसाय है।

D. HOME WORK ASSIGNMENT

Use the followings idioms/fixed expressions in your Hindi sentences:

(1) हुक्म चलाना (2) दुश्वार हो जाना (3) सरगर्मी दिखाना (4) न रहे बांस न बजे बांसुरी (5) खिसक जाना (6) नाच नचाना (7) प्रबन्ध करना